사·회·복·지·행·정·실·천·기·법·시·리·즈 1

사회복지 성과측정 기법

한국사회복지행정학회 편

김영종 · 민소영 · 김영미 · 김찬우 · 임정기 · 홍현미라

Outcome Measurement Technique for Human Service

학지사

머리말

근래 들어 사회 전 분야에서 성과주의가 강조되는 추세다. 사회복지서비스를 포함한 휴먼서비스 분야에서도 이는 예외가 아니다. 서비스나 시설, 프로그램 평가 등에서 구체적인 성과 지표들을 제시하도록 하는 것도 그러한 추세의 일환이다. 사회복지서비스에 대한 투자를 확대하면서 한편으로 지방화 혹은 분권화를 시도하려는 목적에서는, 성과주의 방식에 대한 강조가 어쩌면 필연적일 것이다.

휴먼서비스 분야에서 성과주의의 주요 관심사는 성과측정에 달려 있다. 성과를 어떻게 구성하고, 이를 어떤 방법으로 측정할지가 휴먼서비스에서는 특히 중요하게 다루어진다. 비정형화되고, 무형적이고, 장기적인 서비스들에 대해 성과를 어떻게 설정하고, 그것들을 어떤 방식으로 측정해 보일 것인가가 언제나 문제로 남아 있다. 이런 맥락에서 휴먼서비스 분야의 성과측정에 대한 요구와 관심은 증폭될 수밖에 없는 현실에 처해 왔다.

그럼에도 불구하고, 휴먼서비스의 실천 현장에 있는 사람들에게 성과측정은 여전히 답답한 문제로 남아 있는 것 같다. 이런 답답함의 근원은 크게 두 가지로 여겨진다. 첫째, 현장에서는 그동안 성과 평가를 전문적이고 학문적인 영역으로 인식하고, 현장이 중심이 되어 성과측정을 '만들어 내는' 것이 가능하다는 것을 인식하지 못했거나 혹은 알았더라도 의지를 갖지 않았을 수 있다. 둘째, 인식과 의지를 갖추었더라도, 현장에서 주체적으로 실천해 나가는데 필요한 기술적인 참고 지식이 부재했을 수 있다.

어쩌면 이러한 두 가지 근원이 상호작용하면서 성과측정에 대한 현장의 답답함을 키워 왔을 수 있다. 이 책을 구상하게 된 것은 바로 이러한 문제 인식에서 비롯되었다. 적어도 하나의 문제 근원을 끊는 것에 기여하게 되면, 다른 부분도 따라서 해결될 수 있을 것이라는 기대에서였다. 이 책의 출발점은 '사회복지행정학회' 의 한 연구자 모임에서 바로 이러한 문제에 대해 학계의 개입이 필요하다는 공감대에서부터였다.

이 책의 진행은 2006년 11월 부산 해운대에서 개최되었던 '한국사회복지행정학회 추계학술 대회 및 워크숍' 의 주제를 '사회복지서비스와 성과측정' 으로 선정하면서부터 본격화되었다. 성과측정에 대한 지식과 기술을 일회성 강연의 제공에서 그치는 것이 아니라, 실천 현장에 직접 참여하면서 성과측정을 수행해 나갈 수 있는 방법을 제시하자는 의도가 시행되었다. 이러한 의도의 워크숍은 매우 성공적이었고, 그래서 애초에 계획했던 대로 보다 널리 성과측정의 수행 방법을 보급할 수 있는 책의 출간을 서두르게 되었다.

이 책의 전체적 골격은 크게 두 부분으로 나뉜다. 첫 부분은 휴먼서비스에서 성과주의의 도입 배경과 중요성 및 개념에 대해 다룬다. 그리고 성과측정을 실천하기 위한 구체적 단계를 제시한다. 각 단계에서 무엇을 어떻게 진행시켜야 하는지를 다양한 사례와 함께 기술한다. 두 번째 부분에서는 사회복지의 다양한 영역별로 구체적 프로그램을 제시하고, 앞서 제시한 성과측정의 각 단계를 분야별로 어떻게 따라갈 것인지를 보여 준다. 아동복지, 청소년복지, 노인복지, 장애인복지, 자활 및 사회적 일자리 사업, 정신보건, 지역사회복지 그리고 사례관리 분야가 여기에 포함되었다.

이 책이 발간되기까지에는 많은 분들의 노고가 있었다. '한국사회복지행정학회' 의 김영종 학회장(경성대)과 강철희 기획위원장

(연세대), 진재문 총무위원장(경성대)이 연구진의 구성과 책 출간과 관련된 기본 구성을 맡아서 수고해 주셨다. 실제로 강의를 맡아서 수고해 주신 분들은 민소영(경기대), 김영미(동의대), 김찬우(가톨릭대), 임정기(백석대) 그리고 홍현미라(전주대) 교수님이다. 이분들은 각기 다양한 영역의 전공에서 선발되었으며, 할당된 분야에 대해 성과측정을 주제로 한 수차례의 모임을 가지면서 2006년 11월 학회에 대한 강의와 책자 발간 준비를 공동으로 진행했다.

모든 연구진이 대학 학기와 개인적 연구들에 쫓기는 와중에서도 성과측정 기법서의 중요성에 공감하고, 책자 발간에 남다른 열성을 기울였다. 서울역의 한 중국집과 학지사의 편집부 회의실은 이미 연구진에게는 친숙한 장소로 변했다. 이제 그러한 노력의 결실로 이 책이 출간되는 것 같다. 연구진의 바람은 이렇게 만든 기술서가 현장의 실무자들에게 두려움 없이 성과측정을 시도하게 만드는 도구가 되었으면 하는 것이다.

이 책이 결코 성과측정에 대한 지식의 완성본이 될 수는 없다. 이 책 역시 여전히 많은 한계를 안고 있을 것이다. 그럼에도 사회복지 분야에서 성과측정에 대한 기술서적을 시도하게 되었다는 것만으로도, 그래서 앞으로 더 나은 기술서적들이 이 책의 한계로부터 출발될 수 있을 것이라는 기대만으로도, 연구진은 이 작업을 보람으로 삼을 수 있었다.

출간 작업에 애써 주신 학지사의 김진환 사장님을 비롯한 여러 편집부 선생님들에게 감사의 마음을 전한다. 그리고 이 성과측정 기법서의 출간에 각별한 격려와 관심을 보여 주셨던 수많은 실천현장 선생님들과는 출간의 기쁨을 함께하고 싶다.

2007년 11월

한국사회복지행정학회 저자 일동

차 례

제1장

휴먼서비스와 성과측정

이 장에서는 휴먼서비스와 성과측정의 관계를 설명한다. 사회복지서비스의 휴먼서비스적 패러다임 전환에서 성과주의는 필수불가결한 것이며, 성과주의에서 성과측정은 특별한 중요성을 갖는다.

1. 휴먼서비스와 성과주의의 필요성

우리 사회에서 휴먼서비스의 수요 확대는 가히 폭발적인 양상을 보이고 있다. 가족의 기능 축소와 여성 인구의 사회적 노동 참여가 직접적인 원인이 되어, 전통적으로 가족 내에서 해결되던 사적 영역의 문제들이 공적 영역에 의한 서비스들로 급속히 이전되는 추세다. 휴먼서비스란 영유아, 아동, 청소년에 대한 보호와 교육, 노인 및 장애인에 대한 돌봄 혹은 자립 지원, 여성과 실업자, 취약계층에 대한 사회적 지지, 가족문제의 예방과 대책을 위한 서비스 등을 포괄하는 것이다.

휴먼서비스가 활성화되려면 서비스의 공급 확대가 수반되어야 한다. 그런데 문제는 우리 사회의 휴먼서비스 공급 역량이 아직 적절한 수준에 이르지 못하고 있다는 점이다. 서비스를 위한 양적 기반이 미비하고, 프로그램과 같은 기술적 측면의 질적 기반도 불충분하기는 마찬가지다. 그로 인해 복지사회로의 전환에 대한 국가적 관심이나 사회투자의 여력은 확대되는데도 불구하고, 휴먼서비스는 실질적으로 기대만큼 활성화되지 못하고 있다.

우리 사회에서 현재 휴먼서비스가 적절히 확대되지 못하는 주된 이유는 휴먼서비스의 공급체계가 낙후되어 있기 때문이다. 그것은 빈곤계층에 대한 경제적 지원에 초점을 두었던 이전의 사회복지서비스 수급체계를 고수하는 데 따르는 한계이기도 하다. 과거의 사회복지서비스 틀로서 확대되는 관점의 휴먼서비스를 담기에는 명백한 한계가 있다. 과거 '시혜' 와 '선의' 에 의거한 자선 패러다임으로 현재와 같은 휴먼서비스의 욕구를 담을 수 없다. 휴먼서비스는 더 이상 빈곤의 관점과 밀접하게 커플링(coupling)되어 있지 않기 때문이다.

현재와 향후 우리 사회에서 진행될 휴먼서비스의 환경은 '사회투자' 의 관점에 가까워진다. 휴먼서비스는 더 이상 자선의 동기에 의해서 이루어지지 않고 사회적 투자의 대상으로 간주된다는 것이다. 사회적 투자의 관점에 의한 휴먼서비스의 수요와 공급을 위한 전달체계는 과거 사회복지서비스 전달체계와는 명백히 달라질 수밖에 없다. 사회적 투자로서의 휴먼서비스는 '배분' 보다 '성과' 를 중심으로 하는 전달체계가 구성된다.

성과를 중심 가치로 해서 체계를 구성하는 것을 성과주의라 한다. 사회복지 부문에서 혹은 휴먼서비스 부문에서 성과주의를 채택한다는 것은 일종의 거시적 패러다임의 전환을 의미하는 것이다. 비록 성과주의를 휴먼서비스 부문에 도입하는 데 따르는 여러 가지 논란이나 위험성도 경고되고 있지만, 그것들은 성과주의를 실행하는 데 따르는 한계들이지 성과주의의 목적 자체를 거부하는 것은 아니다. 그러한 한계는 휴먼서비스 전문직들이 성과주의에 대한 지식의 확대를 통해 해결해 나갈 수 있는 것이다.

2. 성과주의의 도입 배경

성과주의란 성과(outcome)를 중심으로 조직이나 프로그램의 결과를 평가하는 것이다. 이것은 기존의 투입이나 산출 중심의 평가 방식들과는 명백히 구분된다. 현재 성과주의에 대한 관심은 비단 휴먼서비스에만 국한되는 것이 아니라 국가 전체의 정책 운용에 관한 기본 방향으로 책정되고 있다. 정부 부문에서는 예산정책 분야를 중심으로 성과주의로의 전환이 시도되고 있다. 1999년부터 시작해서 2003년에는 정부 부처들에서 수행(성과)관리예산제도(performance management system)를 본격 도입했으며, 현재 이를 중앙정부와 지방정부의 대부분 예산과정(재정, 예산기획, 평가 등)에 반영하고 있다.[1]

공공 부문의 재정운용 방식의 변화는 민간 부문에 즉각적인 영

1) 공공 부문의 변화를 유도했던 원인은 재정의 합리적 사용에 있었다. 특히 '작은정부론'에 의해 야기된 공공 부문의 효율성에 대한 강조가 대개 수행(성과)관리제도를 도입케 만드는 직접적인 계기가 되었던 것이 사실이다. 이러한 현상은 시장 경제 상황의 민간 부문에서는 당연시되었던 것이다. 이윤추구를 목적으로 하는 영리 부문에서는 효율성 성과는 단순한 전제 이상의 목적이 되는 것이 당연한 것이었다.

향을 미친다. 특히 공공과 밀접하게 관련되어 있는 비영리 민간서비스 분야에서는 그 영향이 더욱 강력하게 행사된다. 우리나라에서는 전통적으로 휴먼서비스가 공공과 민간이 얽혀지는 방식으로 수행되어 왔었다. 교육, 보건, 복지서비스 분야가 대표적인 휴먼서비스에 해당하는데, 비영리 민간 부문은 공공에 대한 협력자(partner)로서 혹은 종속적 대행자(vendor)로서 공공과의 밀접한 관련하에서 서비스를 수행해 왔었다. 공공이 성과주의를 채택하게 된다는 것은 곧 비영리 민간 부문도 그것을 어떤 형태로든 수용하게 됨을 뜻한다.

2000년대 이후 비영리 민간 부문에서 성과주의에 대한 관심이 증대하는 또 다른 까닭은 사회복지서비스의 지방화와 관련되어 있다. 2005년도 정부예산에서부터 상당 부분의 사회복지서비스 예산이 중앙정부로부터 지방정부로 이전되었다. 개별 예산 항목별 국고보조금(categorical grant)제도가 포괄항목들에 대한 포괄보조금(block grant) 내지는 교부세의 형태로 전환되었다. 지방정부가 휴먼서비스 분야에 대한 예산편성의 재량권을 갖게 되면, 가능하다면 성과주의의 채택은 당연한 것이 된다.

사회복지서비스의 지방화는 이제까지 각기 상이한 예산지원 방식들에 의해 형성되었던 개별 서비스 조직들과 프로그램들을 지역단위에서 통합해야 할 당위성을 제기한다. 지역 차원에서 각기 상이한 성격을 가진 조직이나 프로그램들이 통합적인 목적을 수행하기 위해서는 그리고 그것이 적절히 수행되는 것을 확인하기 위해서는 성과를 두고 기획하고 실행, 평가하는 방법밖에 없다. 기존의 투입이나 산출방식의 통제와 관리는 서비스 통합의 목적을 적절히 달성할 수 없다.[2]

다수의 상이한 서비스 내용과 활동을 갖춘 프로그램들이 통합적인 목적을 위해 작동하려면 각각이 무슨 활동을 하고 있는지를 중심으로 나타내는 산출(output) 지향의 체계보다는, 각각이 그러한 활동을 통해 문제해결에 어떤 성과(outcome)를 나타내는지를 확인하는 것이 더욱 필요하다. 이러한 이유들로 인해 미국 사회복지공동모금회 격인 유나이티드 웨이(United Way)에서는 2000년대 이후 지역사회의 문제중심적 통합 접근을 뜻하는 '커뮤니티 임팩트(community impact)' 전략에서 논리모델과 성과측정의 채택을 필수적으로 요구하고 있다.[3]

사회복지서비스 부문에서 성과주의가 필요한 마지막 이유는 시대적 추세의 전환 때문이다. 사회복지서비스는 이제 더 이상 '자선(charity)'의 개념으로 받아들여지기 어렵다. 이미 도처에서 사회투자의 개념이 폭넓게 받아들여지는 인식 전환이 이루어지고 있다.[4] 사회복지서비스의 구매자 혹은 소비자들이 이를 '선의'가 아니라 '투자'로 인식한다면, 거기에는 투자에 대한 성과 제시의 요구가 당연히 수반된다. 이제 휴먼서비스 분야에서 투자에 대한 성과를 제시하는 성과주의의 방식을 수용하지 않고서 서비스를 확

---

2) 현재 활발하게 모색되고 있는 네트워크 방식의 서비스 통합에도 성과를 기반으로 하는 서비스의 기획과 평가방법을 적용하는 것은 필수적인 것으로 간주된다.

3) 우리나라의 경우도 공공 부문의 재정분권으로 인한 사회복지서비스의 지방중심화, 그로 인한 지역 중심의 서비스 통합에 대한 필요성 증가 그리고 필연적으로 이를 뒷받침하기 위한 성과주의와 성과측정의 이슈가 필연적으로 수반될 것으로 예상된다. 우선 2007년도 사회복지공동모금회의 배분방식에서 성과측정이 일차적으로 도입되었으며, 이후 논리모델과 성과측정을 포함해서 성과주의적 방식으로 진행될 예정이다.

4) 현재와 같은 휴먼서비스에 대한 공공 부문의 개입 규모(보조금, 규제) 확대를 두고 본다면, 이것은 분명히 사회적 투자로의 전환로 여겨진다. 이러한 현상은 규모가 크든 작든 민간 부분의 투자자(개인 기부자, 기업, 재단 등)에까지 적용되어 나타난다. 이처럼 1990년대 초부터 시작되었던 휴먼서비스의 잠재 수요 확대와 그에 따른 공공 및 민간 부문의 개입 확대는 단순 자선이나 사적 영역의 활동을 넘어 공적인 사회적 투자의 개념으로 인식 전환을 불러일으키고 있다.

대, 발전시킨다는 것은 불가능하게 되었다.

3. 휴먼서비스의 성과측정

성과주의의 도입에 대한 광범위한 필요성에도 불구하고, 실제로 성과주의를 휴먼서비스 분야에 적용하는 것은 지체되어 왔다. 다른 분야들보다 휴먼서비스 분야에서는 성과를 위주로 하는 조직이나 프로그램 관리가 적절히 이루어지지 못해 왔다. 비록 성과를 제시해야 한다는 것에는 동의하지만, 휴먼서비스의 활동에서 성과라는 것을 쉽사리 드러내기 어렵다는 점을 근거로 성과주의 도입 자체에 대해 저항하는 현상까지도 있어 왔다.

이러한 현상들은 휴먼서비스 분야에서 성과를 규정하고 측정하는 데 따르는 어려움 때문에 비롯된 것이다. 휴먼서비스의 성과는 다음과 같은 독특성 때문에 그것을 측정한다는 것은 단순한 일이 아니다.

(1) 무형

인간의 내면적 변화를 위주로 하는 성과는 무형(無形)으로, 양적으로 드러내기가 쉽지 않다(예: 대상자가 서비스의 수혜로 인해 사회에 대한 고마움을 느끼고, 사회에 기여하려는 마음을 갖게 된 상태를 어떻게 양적인 성과로 제시할 것인지).

(2) 장기

서비스의 결과는 대개 장기적으로 진행되어 나타나는데, 그것을 현재의 서비스와 연결된 성과로 표현하기 어렵다(예: 아동청소년을 대상으로 하는 서비스는 아동이 성인이 되어 어떻게 잘 살아가는지를 통해 장기간 지속적으로 성과가 뻗쳐 있으므로, 어느 시점에서 무엇을 성과로 잡아야 하는지를 결정하기가 쉽지 않음)

(3) 혼합재 편익

휴먼서비스는 서비스의 대상자들에 나타나는 결과를 성과의 단지 한 부분으로 본다. 휴먼서비스의 성과는 사유재(private goods)와 공공재(public goods)의 혼합재(mixed goods)로서 간주된다. 서비스 수급자에게 나타나는 편익(benefit)은 비교적 쉽게 성과를 추정해 들어갈 수 있으나, 불특정 다수의 사람들에게 나타나는 휴먼서비스의 성과는 편익의 가치 환산이 쉽지 않다(예: 노숙자에 대한 서비스 지원은 반드시 노숙자의 상태 변화만이 성과가 아니라, 이들의 변화로 인해 일반 사람들은 어떤 심리적 및 경제적 편익을 얻게 되는지도 포함됨).

이러한 이유들로 인해 사회복지 조직이나 프로그램 관리에서는 성과를 적절히 측정한다는 것 자체가 곧 성과주의에 관한 결정의 대부분을 차지할 만큼의 중요성을 띠게 되었다. 만약 성과주의를 수용하려 한다면 무엇보다도 성과측정의 가능성에 대한 검토가 중요하다는 뜻이다.

휴먼서비스에서 성과측정은 결코 단순한 작업이 아니지만, 그럼에도 그것이 휴먼서비스의 새로운 패러다임인 성과주의의 실현 근거가 되는 것이므로 휴먼서비스 전문직들은 성과측정의 실천방법에 대해 적절한 지식을 갖추어야 한다.

4. 성과측정과 논리모델

휴먼서비스에서 성과관리의 핵심은 성과측정에 달려 있다. 각기 다양한 휴먼서비스 분야들에서 창의적이고도 설득력 있는 성과와 성과지표를 발굴, 개발해 내는 것은 모든 휴먼서비스 종사자들에게 마치 사명처럼 주어진 것이다. 휴먼서비스에서 성과에 대한 강조는 우리가 수행하는 소중한 활동에 대한 값어치를 사람들에게 적절히 나타내기 위함이다.

성과란 그 자체로서 존재하는 것이 아니다. 성과를 찾아내는 과정은 우리가 이제껏 막연하게 느끼고 있는 우리 활동에 대해 새롭게 의미를 부여하는 과정이다. 성과는 우리가 무엇에 의미를 두고 있느냐를 발굴해 내는 작업에 가깝다. 성과지표 역시 성과의 개발과 마찬가지다. 특정한 성과에 대해 고정적인 성과지표들이 책정되어 있는 것이 아니라 다양하게 지표들로 구성하는 것이 가능하다.

성과와 성과지표는 개별화된 분야의 특성에 맞게 개발되어야 한다. 그것은 매뉴얼과 같은 획일적인 성과와 성과지표들로 제시되는 것이 아니다. 현장에서 전문가들의 역량에 의해 각자의 개별화된 프로그램과 서비스들이 각자의 상황에 부합되는, 그리고서 한편으로는 투자자들에게 설득력이 있는 성과와 성과지표들을 적절히 개발해 낼 수 있어야 한다.

올바른 성과관리와 성과측정을 수행하기를 원하는 휴먼서비스 전문가들은 기본적으로 다음을 갖추어야 한다.

첫째, 문제해결 중심의 사고를 가진다.

둘째, 투입과 활동을 성과와 결부시키는 논리모델로 사고한다.

셋째, 성과를 적절한 성과지표들로서 제시한다.

넷째, 제시된 성과지표들을 적절히 측정해 나가는 방법을 갖춘다.

[그림 1-1]은 논리모델(logic model)을 나타낸다. 그림에서는 프로그램의 논리적인 연결을 투입에서부터 성과에 이르는 순차적인 논리적 관계로 나타내 보이고 있다. 특정 프로그램의 논리적 구성이 적절한지를 평가할 때는 화살표와 같은 순차 방향의 흐름도를 본다. 그러나 논리모델을 계획하는 단계에서는 항목들 간 논리적 흐름은 성과에서부터 출발해야 한다. 특정 성과를 위해 어떤 산출이 필요하고, 이를 위해 어떤 활동이 필요하며 그것은 어떤 투입이 있어야 가능할 것인지를 평가 모형과는 반대 방향으로 고려하면서 진행한다. 이를 순서대로 제시하자면 다음과 같다.

(1) 상황

문제의 심각성, 사람들의 고통 등에 대한 것과 그것들의 원인이 어디에 있는지, 무엇이 결여되어 있거나 잘못되어 있는지 등에 대한 파악이 주로 상황을 구성한다.

(2) 프로그램의 목적과 성과

그 상황에 대한 이해와 개입의 필요성에서부터 프로그램 목적을 형성하고, 프로그램의 목적은 구체적으로 몇 가지 기대될 수 있는

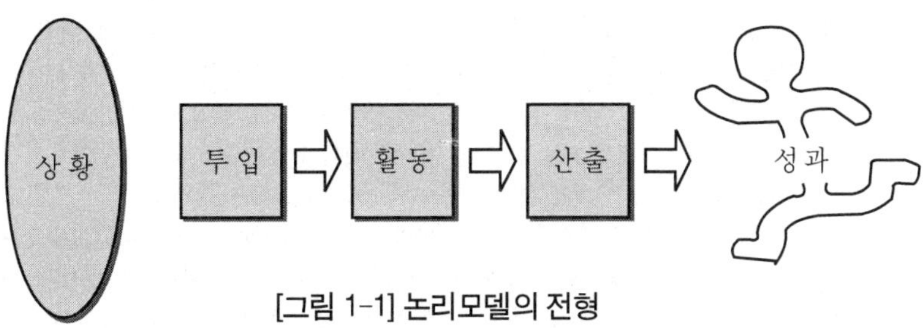

[그림 1-1] 논리모델의 전형

성과(들)로 구체화된다.

(3) 산출활동

성과를 이루기 위해 어떤 활동들이 필요한지를 고려한다. 만약 산출활동부터 앞세우는 프로그래밍을 하게 되면 논리모델은 의미를 상실한다. 논리모델의 핵심은 산출활동과 성과의 적절한 구성을 위해 성과를 앞세우고(이때 성과는 대부분 (1)과 (2)에서 제시된 것), 이를 위해 적절한 산출, 활동, 투입이 어떻게 이루어지는지가 좋을지를 차례로(논리적으로) 결정하는 데 있다.

성과측정과 논리모델은 불가분의 관계에 있는 것이다. 논리모델은 단지 논리적인 것이다. 그 논리(투입-활동-산출-성과의 연결)가 적절했는지에 대한 경험적인 평가는 성과를 경험적으로 측정할 수 있을 때에만 가능하다. 성과를 측정하지 않고서는 논리모델은 단지 논리적으로 그럴듯한 것으로 그친다. 사회복지서비스가 투자의 개념으로 전환되면, 성과와 성과에 이르는 과정은 더 이상 논리적인 것에 머물지 않고 경험적으로 제시되어야만 한다. 그런 이유로 사회복지 프로그램들에서 논리모델과 성과측정은 함께 하는 것이다.[5]

5) 사회복지 프로그램에 대한 논리모델과 성과측정의 방법은 기존의 효과성 평가와는 분명히 구분되어야 한다. 효과성 평가를 위해서는 성과측정과 함께 프로그램의 배타적 인과성을 통제집단 등을 통해 확보해야 한다. 대개 실험디자인의 성격을 갖춘 연구디자인이 요구되는데, 대부분의 사회복지서비스들은 이것을 감당할 수 있는 여력이 없는 것이 보통이다. 그래서 통상적으로는 선 논리모델, 후 성과측정의 방법을 써서 효과성의 검증을 보충하는 방식을 선택한다. 그럼에도 논리모델과 성과측정이 엄격한 효과성 검증과는 명백히 차이난다는 점을 인식하는 것은 필요하다. 즉, 논리모델과 성과측정의 제시만으로 프로그램의 효과성이 완벽히 입증되는 것은 아니라는 것이다. 비록 현실적으로는 성과측정을 쓰지만 그것의 한계를 적절히 인식하는 것도 중요하다.

5. 성과측정과 관련된 용어의 정리

최근에 여러 학문, 실천 분야들에서 성과주의와 성과측정의 개념들이 도입되면서 용어 사용에서 혼란이 나타나고 있다. 특히 영어에서 비롯된 개념들이 우리나라에 소개되는 과정에서 학제간 용어 번역의 불일치로 인해 그러한 문제가 생겨나는 것으로 여겨진다. 대표적인 예로, 성과라는 개념에 대해 행정학 분야에서는 정부 조직 중심의 업무수행의 결과를 위주로 하는 개념인 'performance'를 '성과'로 명칭해 왔다. 이 때문에 프로그램이나 서비스의 목적 개념인 'outcome'을 성과라 하지 못하고 '결과'라 하는 등의 용어를 사용한다. 이에 반해 대체로 교육학이나 사회복지학, 간호학 등의 휴먼서비스 분야에서는 성과를 'outcome'에 초점을 둔다. 조직관리보다는 서비스의 목적에 중심을 두기 때문이다.

사회복지 분야에서는 서비스의 실천적 목적 개념의 성과로 쓰이는 'outcome' 개념을 받아들이는 것이 타당하다. 이와 연관된 용어들에 대한 개념 정리는 〈표 1-1〉과 같다.

〈표 1-1〉 성과측정과 관련된 용어들의 개념 정리

용어		개념
성과	outcome	서비스나 프로그램의 목적과 관련된 결과를 의미. 주로 서비스 대상의 변화 목적을 구체적으로 명시하는 것.
성과측정	outcome measurement	성과를 측정하는 것. 성과지표들에 대한 자료수집이 중심.
성과평가	outcome evaluation	성과측정에다 평가에 요구되는 경험적 요소들을 추가하는 것.
수행성과	performance	조직의 업무수행 목적에 따른 결과를 나타내는 데 주로 쓰임. 조직 관점에서의 성과라고 볼 수 있음.
수행성평가	performance evaluation	수행성과를 평가하는 것.
수행성관리	performance management	수행성과의 지표들을 중심으로 조직을 관리하는 것.
투입	input	프로그램이나 서비스에 투입되는 물적, 인적, 기술적 자원들.
활동	activity	투입자원들이 실천활동으로 전환되어 나타나는 것. 누가 어떤 일을 했는지를 중심으로 나타냄.
산출	output	서비스 활동을 통해 드러나는 결과로서, 활동과 일치되는 개념으로 간주하기도 함. 서비스 목적과 직접 관련된 결과를 성과라 한다면, 그것을 위해 서비스 활동에서 노력한 결과를 산출로 나타냄.
과정	process	투입에서 활동, 산출, 성과에 이르는 프로그램이나 서비스의 진행을 과정이라 함.
결과	result	일반적인 개념. 성과, 영향, 수행성과, 산출 등이 모두 결과의 개념으로 표현될 수 있음.
영향	impact	프로그램이나 서비스의 결과로서 성과에 비해 보다 확산된 의미. 의도된 목적의 결과를 성과라 한다면, 영향은 그로 인해 파생되는 것으로 유추될 수 있는 광범위한 결과까지를 포함.

참고문헌

김영종(2004. 5). 논리모델(logic model)과 성과측정(outcome measurement). 한국사회복지행정학회 춘계학술대회 워크숍.

김영종(2007). 사회투자국가의 실천적 함의: 전달체계와 작동기제의 관점에서. 사회복지연구회 2007 하계학술세미나.

김영종(2007. 3). 휴먼서비스의 성과측정. 동아대학교 교육대학원 춘계 초청강의.

김영종, 권순애(2003). 논리모델(Logic Model): 사회복지 프로그램 기획에의 적용 가능성. 사회과학연구. 경성대학교 사회과학연구소 창립 25주년 기념 여름 특집호, pp. 209-226.

노연희(2006. 11). 사회복지조직에서 성과(outcome)의 의미와 중요성. 한국사회복지행정학회 2006 추계학술대회 발표문.

지은구(2006. 11). 성과측정의 원리와 방법 그리고 문제점. 한국사회복지행정학회 2006 추계학술대회 발표문.

Austin, D. (1988). *The Political Economy of Human Service Programs*. Greenwich, CT: JAI Press.

Mullen, E. J., & Magnabosco, J. L. (Eds.) (1997). *Outcomes Measurement in the Human Services: Cross-Cutting Issues and Methods*. NASW Press.

Weiss, A. P. (2007). "Measuring the impact of medical research: moving from outputs to outcomes." *American Journal of Psychiatry, 164*, 206-214.

제2장
성과측정의 단계

이 장에서는 성과측정의 준비단계부터 시작하여 총 5단계를 소개한다. 각 단계에서 수행해야 할 내용은 다음과 같다.

* 준비단계: 성과측정을 위한 실무진 구성하기
* 1단계: 성과 정의하기
* 2단계: 성과별 지표(indicator)와 성과의 영향요인 결정하기
* 3단계: 지표들의 자료원(data sources) 확인하기
* 4단계: 자료수집 방법 설계하기
* 5단계: 자료수집에 대한 모의 테스트 실시하기

1. 준비단계: 성과측정을 위한 실무진 구성하기

준비단계에서는 프로그램별로 4~5명의 실무진을 구성하여 성

과측정의 각 단계에서 필요한 업무 요소를 파악하고 개발한다. 성과측정 과정에서 수행되어야 할 과업에 대한 추진 일정을 정하고 그 과정을 수행한다.

실무진은 기관의 다양한 이해관계자를 참여시킬 수 있도록 한다. 예를 들어, 클라이언트를 직접적으로 대면하여 서비스를 전달하는 실무직원 그리고 홍보, 자원개발, 질 관리, 자료처리, 행정지원, 자원봉사 등과 관련된 기능을 수행하는 직원, 각종 위원회 구성원 또는 회원을 포함시킨다.

이때 비슷한 프로그램일 경우 프로그램별로 실무진을 구성할 필요는 없다.

2. 1단계: 성과 정의하기

성과측정을 위하여 가장 먼저 수행해야 할 과업은 성과를 정의하는 것이다. 성과 정의의 단계에서 수행해야 할 과정은 다음과 같다.

* 프로그램 구성과 성과에 대한 논리모델을 그려 보기
* 성과에 대한 아이디어 모으기
* 모아진 아이디어 중 가장 적합한 성과를 결정하기
* 피드백(feedback) 받기

1) 프로그램 구성과 성과의 관계

프로그램의 구성과 성과에 대한 연결과정은 논리모델에 기반을 둔다. 논리모델의 기본 과정은 투입(inputs)→활동(activities)→산출(outputs)→성과(outcomes)를 거친다. 4가지 프로그램 요소들은 if-then이라는 논리적 연결로 이루어진다([그림 2-1] 참조).

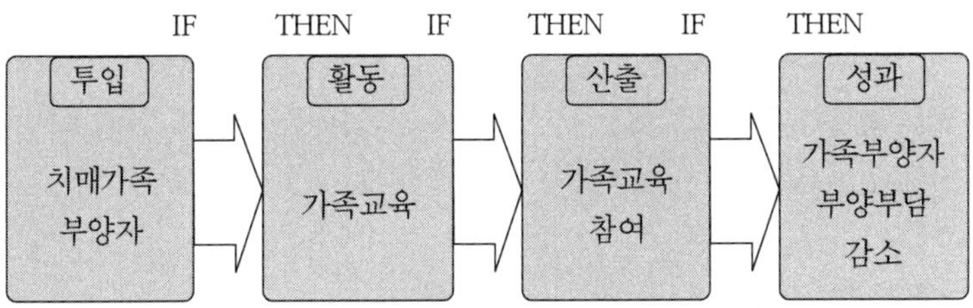

프로그램: 치매가족부양자를 위한 가족 교육 프로그램

[그림 2-1] 프로그램 구성과 성과에 대한 논리모델

(1) 프로그램 구성요소

프로그램 구성요소의 투입, 활동, 산출, 성과에서 고려해야 할 내용은 다음과 같다.

① 투입

프로그램에 투입된 인적·물적 자원을 포함한다.

예

- 인력(실무 및 행정직원, 자원봉사자)
- 참여자
- 예산
- 시간(근무시간, 자원봉사시간 등 포함)
- 물자/장비/시설
- 기술/계획(예: 영상기술, 연극기술 등 포함)

② 활동

프로그램에서 구체적으로 제공되는 서비스, 개입 또는 목표달성을 위한 일을 의미한다.

예

- 식사 및 쉼터 제공
- 직업훈련
- 상담서비스
- 멘토링 활동

③ 산출

프로그램 활동을 통해 나타나는 산물을 의미한다.

예

- 교육참여 인원 수
- 상담서비스 횟수
- 교육자료 배포 수
- 서비스 제공시간
- 서비스 이용자 수

④ 성과

프로그램 개입 활동에 참여하는 동안 혹은 참여한 이후에 표적집단(개인, 집단, 조직, 지역사회)에 나타나는 효과 또는 변화를 의미한다. 표적집단이 무엇을 알게 되고, 무엇을 생각하게 되고, 무엇을 할 수 있게 되는지, 어떻게 행동하게 되는지, 상황이나 조건이 어떻게 변화되었는지를 살피는 것, 즉 프로그램을 통하여 달라진 것이 무엇인지를 살피는 것이다. 단기성과/중기성과/장기성과(또는 즉시성과/중간성과/최종성과)로 구분이 가능하다.

논리모델의 투입, 활동, 산출, 성과를 쉽게 기록할 수 있는 양식은 다음과 같다(〈표 2-1〉 참조).

〈표 2-1〉 **논리모델의 양식**

프로그램명:

투입	활동	산출	성과		
			단기	중기	장기

(2) 성과의 내용

성과의 단기, 중기, 장기성과의 의미와 서로의 연관관계에 대하여 살펴본다.

① **단기성과**(initial outcomes)

프로그램 산출(output)에 의해 가장 밀접하게 영향을 받는 성과를 의미한다. 프로그램 참여를 통한 지식, 태도, 기술의 변화에 해당한다.

② **중기성과**(intermediate outcomes)

프로그램을 통하여 나타난 행동의 변화를 의미한다. 행동의 변화는 단기성과로 나타난 지식, 태도, 기술의 변화에 의해서 영향을 받는다.

③ **장기성과**(longer-term outcomes)

궁극적인 성과로서, 프로그램 참여자 혹은 참여주체들의 조건이나 상황에 대한 의미 있는 영향(impact)을 의미한다.

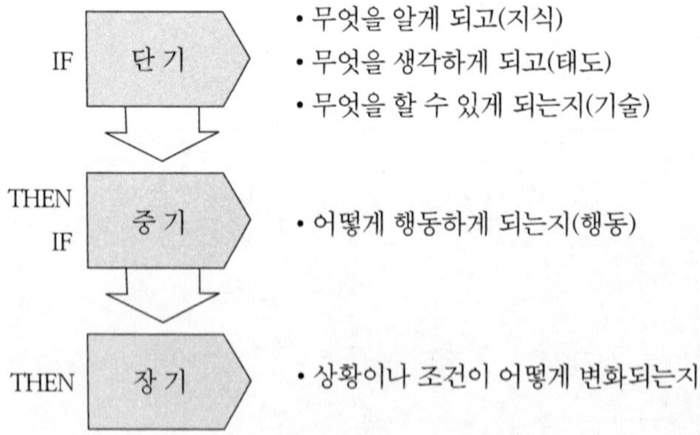

[그림 2-2] 성과의 단계

다음 표들은 성과의 단기, 중기, 장기성과를 보여 준다.

〈표 2-2〉 저소득청소년 과외학습지원 프로그램과 성과

단기성과	중기성과	장기성과
수학능력이 향상된다.	좋은 대학에 입학한다.	좋은 직장에 취직하여 경제적 안정이 된다.

〈표 2-3〉 정신지체장애인을 위한 제빵기술훈련 프로그램과 성과

단기성과	중기성과	장기성과
제빵기술을 익힌다.	지역사회에 고용된다.	독립된 생활을 유지한다.

2) 성과 아이디어 모으기

무엇을 성과로 할 것인가에 대하여 최대한 여러 출처를 활용하여 가능한 한 다양한 성과를 잡아 보는 것이 필요하다. 프로그램이

원래 계획했던 대로의 성과와 의도하지 않은 성과를 모두 설정하는 것이 좋다. 즉, 바람직한 성과뿐만 아니라 의도하지 않았지만 나타날 수 있는 부정적 성과도 함께 살펴보는 것이다. 부정적 성과는 이후 프로그램의 개발이나 수정에 중요한 정보를 제시해 주기 때문이다. 예를 들어, 청소년 범죄예방 프로그램으로 인해 프로그램 시행 지역의 청소년 범죄율은 감소했으나, 인근 지역의 청소년 범죄율은 증가할 수 있다. 범죄예방 프로그램이 실시되지 않는 인근 지역으로 비행청소년들이 옮겨 갈 수 있기 때문이다. 이는 프로그램의 부정적 성과에 해당된다.

성과에 대한 광범위한 아이디어를 제공해 줄 수 있는 출처를 소개한다.

① 기관 또는 프로그램 자료 검토
기관의 최근 연차보고서, 기관이나 프로그램 소개서 등에 적힌 미션, 프로그램의 지원신청서에 적힌 목적, 비슷한 프로그램 등에 대한 문헌검토에서 밝힌 성과 등을 참조한다.

② 프로그램을 제공하는 기관의 직원 또는 자원봉사자 활용

③ 기관의 위원회 활용
위원들의 경우 지역사회 입장에서 바라는 프로그램의 성과를 이야기해 줄 수 있다.

④ 현재 혹은 과거의 프로그램 대상자 혹은 가족 활용
이들과의 비공식적 대화, 인터뷰, 서베이, 포커스그룹을 활용한다.

⑤ 프로그램 대상자들을 대하게 되는 타 서비스 주체
예를 들어, 고용지원 프로그램의 경우 미래의 고용주가 될 수 있는 사람들에게 고용주로서 바라보는 바람직한 고용인의 특

성이 무엇인지 질문해 본다.

⑥ 비슷한 서비스를 제공하는 타 기관
위의 예에서, 직업상담가 등에게 바람직한 고용인의 상태는 무엇인지 알아본다.

⑦ 기관의 타 부서 직원 또는 외부관찰자(observer)나 외부전문가 활용
프로그램 진행 동안 외부인에게 관찰하도록 부탁하여 성과라고 생각되는 것을 알아본다. 예를 들어, 주의력결핍 아동을 위한 학교적응 프로그램의 경우, 자원봉사자나 타 부서 직원들로 하여금 프로그램이 진행되는 동안 아동들이 보여 주는 변화행동들을 관찰하도록 한다. '더 오랫동안 앉아 있다.' '무언가를 끝까지 해 보려고 한다.' 등의 변화된 행동을 관찰하도록 하여 이 중에서 프로그램의 성과라고 생각되는 것을 선택해 본다.

⑧ 투자자들(funders)

포커스그룹 활용 과정: 프로그램 참여자 활용

① 단계: 약 8~12명(현재 혹은 과거의 프로그램 대상자들)을 선택하여 포커스 그룹에 초대하기
대상자들이 소득이나 직업 등의 특성이 매우 다양하다면 골고루 포함시키는 것이 필요하다. 구성이 너무 다양할 경우 자유로운 대화가 용이하지 않을 수 있음을 주의해야 한다. 프로그램이 가족 구성원 전체라면 성인과 아동을 구분해서 포커스 그룹을 실시하여도 좋다. 주의할 점은 구성의 종류가 다양하되, 방만하지 않도록 참여자들을 모집하는 것이다.

② 단계: 최대 2시간 모임을 갖기

편안하고 접근가능한 장소를 선택한다. 간단한 음료수와 먹을거리를 준비한다.

③ 단계: 포커스그룹을 이끌어 갈 진행자(moderator) 선택하기

훈련된 사람을 선정하여 포커스그룹을 이끌어 가도록 하는 것이 필요하다. 다양한 관점을 자유롭게 이야기하도록 하기 위해서 프로그램 제공 직원을 사회자로 선택하지 않는 것도 하나의 방법이다.

④ 단계: 포커스그룹의 목적을 소개한 후, 사회자는 프로그램의 성과, 즉 참여자들이 바라거나 경험하였던 변화가 무엇인지를 개방형 질문으로 물어보기

질문의 구체적 예는

- 프로그램 이후 당신에게 어떤 변화를 기대하셨나요?
- 프로그램이 정말로 당신에게 도움이 된다면 당신은 어떻게 좀 더 나아지게 될까요?
- (특히 부정적 성과를 측정하기 위해서) 당신이 바라지 않는 결과가 프로그램을 통해 나타날 수 있을까요? 그것이 무엇이겠습니까?

질문을 하는 과정에서 다양한 관점을 자유롭게 표현하도록 유도한다. 사회자는 참여자가 말하는 어떠한 것이라도 수용하는 입장을 취해야 한다. 또한 프로그램에 대해서 설명하려 한다거나, 참여자가 가지고 있는 잘못된 개념을 정정하려 한다거나, 참여자들 사이에서 동의나 합의를 이끌어 내려고 하지 않아야 한다.

⑤ 단계: 포커스그룹의 내용을 기록하고 요약정리하기

포커스그룹 모임이 끝난 이후 사회자와 기록자는 모임의 내용을 요약 · 정리한다. 이때 모임의 내용을 양적 수치화시킬 필요는 없다. 어떤 내용인지가 중요하지, '몇 명의 사람들이 같은 의견 혹은 다른 의견을 내었는지' 등의 수치가 중요한 것이 아니다.

3) 최종 성과 결정하기

광범위한 출처를 통하여 수집된 프로그램의 성과에는 매우 다양한 관점이 존재할 수 있다. 무엇보다도 가장 적절한 성과를 선택하기 위해서는 앞서의 논리모델과 비교·검토하여 선정하여야 한다. 다양한 성과들 중에서 최종 성과들을 결정할 때는 다음의 질문을 고려한다.

* 프로그램의 여러 가능한 성과를 모두 고려하였는가?
* 성과는 프로그램 목적과 직접적으로 관련이 있는가?
  보다 구체적으로는 여러 외부적 요인을 통제할 수 없음에도 불구하고, 프로그램이 과연 성과를 가져올 수 있다고 믿는 것이 합당한가? 성과가 이 프로그램이 문제 상황을 해결하는 데 성공하였다는 것을 보여 주는 결과라고 할 수 있는가?를 질문해 본다.
* 성과는 실제적이고 성취가능한가?
* 성과는 '변화'를 반영하고 있는가?
* 단기, 중기, 장기성과는 논리적으로 서로 연결되는가?
* 프로그램을 통해 얻을 수 있는 성과를 가장 장기적인 것까지 정의하였는가?
* 프로그램의 산출을 통해 얻어진 성과의 그 이상을 넘어갔는가?
* 프로그램의 표적집단의 범위를 넘어선 것인가?
* 프로그램의 여러 주체들—직원, 자원봉사자, 프로그램 참여자, 협력기관, 투자자들, 지역사회 등—이 성과를 프로그램의 성과로서 타당하다고 생각하겠는가?

성과를 설정할 때 바람직하지 않은 성과를 설정하는 경우가 있다. 〈표 2-4〉는 그 예를 보여 준다.

〈표 2-4〉 바람직하지 않게 설정된 성과

프로그램명	올바르게 설정되지 못한 성과의 예
정신지체장애인을 위한 제빵기술훈련 프로그램	훈련내용 만족도, 훈련강사에 대한 만족도
아동학대예방 프로그램	아동학대 치료 프로그램 제공 증가
저소득청소년 과외학습지원 프로그램	지역사회 전체 저소득 청소년들의 학습능력 향상

첫째, 정신지체장애인을 위한 제빵기술훈련 프로그램의 성과로 훈련내용 또는 훈련강사에 대한 만족도를 제시하는 것은 프로그램 참여자의 '변화'를 반영하지 못하므로 올바른 성과라고 할 수 없다. 즉, '만족도'는 일반적으로 프로그램의 '성과'라고 볼 수 없다.

그러나 예외적인 경우도 있다. 예를 들어, 프로그램의 참여 의지가 프로그램의 성공에 중요한 잣대가 될 경우, 비록 적절하다고 볼 수는 없으나, 만족도를 프로그램의 성과로 볼 수 있다. 또 다른 예는 인간의 기초적 욕구(예: 의, 식, 주)를 지원하는 급식이나 쉼터 제공 프로그램일 경우, 클라이언트들을 장기간 추적하는 것이 불가능하므로 오히려 지원 프로그램의 만족도를 조사하는 것이 프로그램의 성과가 될 수 있다.

둘째, 아동학대예방 프로그램의 직접적 성과를 치료 프로그램의 제공 증가로 볼 수 없다. 치료 프로그램의 제공 증가는 아동학대예방 프로그램 성과의 그 이상을 넘어간 것으로서 오히려 아동학대예방 프로그램의 부수적 효과라고 할 수 있다. 보다 더 타당한 성과로는 '아동학대에 대한 인식 향상' 또는 '아동학대행위 감소'라고 할 수 있다.

셋째, 저소득청소년 과외학습지원 프로그램의 성과를 지역사회 전체 저소득청소년으로 확대한 것은 프로그램의 표적집단 범위를 넘어선 경우다.

4) 성과에 대한 피드백 받기

성과가 어느 정도 결정되면 기관이나 프로그램 관리자, 서비스 제공 직원, 자원봉사 지도자, 위원회, 투자자들, 프로그램 참여자 등 다양한 주체들로부터 피드백을 받아 보는 것이 필요하다.

3. 2단계: 성과별 지표와 성과의 영향요인 결정하기

성과가 결정되면 성과를 측정할 수 있는 지표를 제시한다. 프로그램 외에 프로그램 성과에 영향을 미칠 수 있는 외부요인, 즉 영향요인도 함께 살펴본다.

1) 성과지표

성과지표란 성과를 어떻게 알 것인가를 일러준다. 성과가 달성되었는지를 관찰가능(즉, 자료수집이 가능하도록)하고 측정가능하도록 해 주는 증거 혹은 측정도구를 의미한다.

성과지표는 성과수준을 요약할 수 있는 특정 수치, 즉 성과를 달성한 수(number)나 %로 나타낸다. 성과지표를 통하여 몇 %, 몇 점 증가 혹은 감소했는지의 변화를 알 수 있다. 어떤 특정 프로그램이 변화량을 구체적으로 수치화시키기 어려운 경우가 있다면 단순히 변화의 유무 혹은 빈도로도 측정이 가능하다.

〈표 2-5〉는 특정 수치를 이용하여 설정된 성과지표의 예를 보여 준다.

〈표 2-5〉 성과별 성과지표

지표 단위	프로그램	성과	성과지표
변화량	치매노인부양가족 프로그램	부양가족의 부양부담 감소	프로그램 기간 동안 감소한 부양부담의 %
빈도	가족화합 프로그램	가족들의 놀이 모임 증가	지난 1개월 동안 가족과 함께 모여 놀았던 횟수
수 혹은 %	비행청소년 학교 적응 프로그램	안정적인 출석	지난 3개월 동안 무단결석을 하지 않은 청소년의 수 혹은 %

성과는 하나 이상의 복수지표들이 가능하다. 하나의 성과에 최대한 다양한 지표를 고려하되, 각 지표들은 상호배타성과 포괄성을 동시에 고려해야 한다. 지표가 무조건 많다고 하여 좋은 것은 아니다. 〈표 2-6〉은 성과별로 복수지표들의 예를 보여 준다.

〈표 2-6〉 정신지체장애인을 위한 제빵기술훈련 프로그램과 성과별 복수지표

성과	성과지표
제빵기술을 익힌다.	• 프로그램 종결 후 혼자 빵을 만들어 먹을 수 있는 사람의 수 혹은 % • 프로그램 종결 후 제빵기술 자격증을 딴 사람의 수 혹은 %
지역사회에 고용된다.	• 프로그램 종결로부터 6개월 이후 지역사회에서 일을 하게 된 사람의 수 혹은 %
독립된 생활을 유지한다.	• 프로그램 종결로부터 2년 이후 시설에서 나와 그룹홈에서 생활하게 된 사람의 수 혹은 % • 프로그램 종결로부터 2년 이후 시설에서 나와 독립가구에서 생활하게 된 사람의 수 혹은 %

성과지표 중 어떤 것을 결정할 것인가를 위해 다음 사항을 체크해 본다.

* 측정하고자 하는 성과를 정의하고 있는가?
* 각각의 성과를 위해 적어도 한 개 이상의 지표가 있는가?
* 복수의 지표들일 때 각 지표는 성과의 가장 중요한 측면을 중복하지 않으면서도 포괄적으로 측정해 주는가?
* 각 지표들이 구체적으로 기술되었는가?
* 측정가능한가?
* 관찰가능한가?
* 자료수집이 가능한가?

2) 성과지표 개발 시 나타날 수 있는 어려운 점과 극복 전략

특정 프로그램의 경우 단기, 중기, 장기의 각각 단계별로 지표 개발이 어려운 경우도 있다. 예상치 않던 문제가 발생하기도 한다. 여기에서는 성과지표를 개발할 때 직면할 수 있는 장애물과 그 극복 전략을 살펴본다.

(1) 성과를 수치화시킬 수 없는 경우

예를 들어, 가족개입 프로그램에서 성과가 가족과의 긍정적 유대감 증가인 경우, 지표를 지난 1년 동안 가족과의 관계 속에서 긍정적으로 변화되어 나타난 행동의 내용이라고 설정했다고 가정하자. 지표를 측정하기 위하여, 성과의 내용을 구체적으로 '무슨 변화가 나타났는가?'로 질문할 수 있다. 이때 긍정적 변화의 내용에 해당되는 행동을 관찰하여 제시하게 된다. 예를 들어, 여러 체계들(전문가, 프로그램 제공자 등)과 함께 '긍정적 행동특성' 체크리스트를 개발하여 그와 관련된 행동들을 관찰하여 자료를 수집할 수 있다.

(2) 프로그램 참여자들이 익명의 개인들이라서 프로그램 후 성과를 추적하기가 어려운 경우

자살예방센터의 전화상담 서비스(hotline) 또는 정보제공 및 의뢰 프로그램의 경우는 장기성과(예: 자살예방 등)를 측정하기가 어렵다. 이러한 경우 장기성과를 대체할 수 있는 지표를 개발하는 것이 필요하다. 예를 들어, 전화상담 서비스라면 전화상담 마지막에 '귀하는 오늘 원하는 정보를 제공받았습니까? 귀하의 문제를 위해서 이제 무엇을 해야 할지 말씀해 보실 수 있겠어요?' 등으로 성과를 측정할 수 있다. 또한 정보제공 및 의뢰 프로그램의 경우, 의뢰되는 기관으로 하여금 의뢰되어 찾아온 클라이언트의 수와 형태 그리고 적당하게 의뢰되었는지를 물어볼 수 있다.

(3) 일회적 지원 서비스의 경우

예를 들어, 긴급구호(예: 음식, 쉼터, 물)나 무료급식지원센터 등의 경우, 프로그램 성과가 프로그램 산출이 될 수 있다. 도움받은 사람의 수 혹은 서비스의 양이 성과가 될 수 있다. 이 외에 프로그램의 만족도를 프로그램 성과로 측정할 수 있다. 예를 들어, 도움을 구하는 사람들에게 그 자리에서 바로 프로그램의 시기적절성, 접근가능성, 직원의 친절함, 만족도 등을 질문할 수 있다.

(4) 프로그램의 주요 성과가 오랜 시간이 지나야 나타날 수 있는 경우

주로 단기와 중기성과를 중심으로 성과측정한다. 예를 들어, 저소득청소년들을 위한 과외학습지원 프로그램 장기성과인 '좋은 직장에 취직하여 경제적 안정이 된다.' 의 경우 장기적 추적조사가 어렵다. 이때는 단기성과인 '수학능력 향상' 과 중기성과인 '좋은 대학에 입학' 을 중심으로 성과를 측정한다. 다른 예로서, 지역사회를 대상으로 청소년 흡연(예방 위한)교육 프로그램이 있다고 하자. 장기적 목적은 청소년의 건강한 삶이나, 단기 혹은 중기성과를 위해 지역사회 청소년을 대상으로 서베이를 통해서 인지나 행동의 변화 등을 살펴볼 수 있다. 예를 들어, 흡연 횟수가 얼마나 줄었는지 등을 살펴본다.

(5) 프로그램 참여자의 신체적 · 정신적 장애로 인하여 성과를 직접적으로 측정하기 어려운 경우

친척, 친구, 이웃 등 주변인을 활용한다.

(6) 프로그램 대상이 특정 집단이 아닌 일반 지역사회인 경우

예를 들어, 지역사회행동 프로그램 또는 옹호프로그램의 경우, 기관의 행위 또는 산출물로 성과를 측정할 수 있다. 공청회 횟수, 탄원 또는 호소편지 건수, 집회에 참석한 사람들의 수 등이 성과측정의 지표가 된다.

3) 성과의 영향요인 발견하기

성과는 프로그램 개입 외에 외부적 요인에 의해 영향을 받기도 한다. 이러한 외부적 요인은 프로그램이 바라던 목적과 다른 방향으로 성과를 이끌기도 한다. 여기에서는 성과측정 시 영향요인을 살펴봄으로써 얻을 수 있는 유용성을 살펴본다. 또한 무엇이 영향요인이 될 수 있는지를 제시한다.

(1) 성과의 영향요인이 갖는 유용성

영향요인은 성과의 성공 혹은 실패가 구체적으로 어떤 특정 상황에서 발생하게 되었는지를 설명해 준다. 이를 통해 어떤 특성을

가진 사람들에게는 어떠한 서비스를 제공하는 것이 적절한 것인지 정보를 알려 줌으로써 이후 프로그램 개발에 도움이 될 수 있다.

예를 들어, '저소득청소년 과외학습지원 프로그램'을 실시한다고 하자. 이 프로그램의 성과를 측정한 결과 프로그램에 참여한 청소년의 50%가 수학능력이 향상되었다(〈표 2-7〉 참조).

〈표 2-7〉 저소득청소년 과외학습지원 프로그램의 성과

성과	성과지표	결과
수학능력이 향상된다.	프로그램 종결 후 성적이 향상된 청소년의 수 혹은 %	청소년 총 60명 중 30명이 성적이 향상되었다면 50% 향상

이렇게 나타난 성과를 놓고, 비행경험이 수학능력에 영향을 미친다고 가정하였다. 그래서 비행경험 유무별로 수학능력 향상 성과를 재분류하였다(〈표 2-8〉 참조). 그랬더니 비행경험이 없는 청소년 참여자 중 과반수 이상(60%)이 수학능력 향상을 경험하였다. 반면, 비행경험이 있는 청소년 참여자는 이보다 2배 적은 30%가 수학능력이 향상되었다.

〈표 2-8〉 저소득청소년 과외학습지원 프로그램의 성과와 영향요인 간의 관계

	비행경험이 없는 청소년	비행경험이 있는 청소년
총 참여자 수	40	20
향상된 사람(%)	24(60%)	6(30%)
향상되지 않은 사람	16(40%)	14(70%)

결국 프로그램 성과는 비행경험이 없는 청소년집단에서 더 긍정적으로 나타난 것을 볼 수 있었다. 비행경험이 없는 상황에서 프로그램의 효과가 더 나타난 것이다. 이러한 결과를 통하여 비행경험이 있는 청소년에게는 비행문제를 동시에 개입할 수 있는 과외학

습지원 프로그램의 개발이 필요함을 알 수 있었다. 영향요인을 통하여 비행청소년을 위한 과외학습지원 프로그램을 이후 어떻게 구성하여 개발할 것인지에 대한 아이디어를 가질 수 있게 된다.

(2) 성과의 영향요인

성과의 영향요인은 프로그램 구성을 위해서 고려되었던 논리모델의 투입, 활동, 산출의 내용이 포함된다.

① 프로그램에 참여하는 사람들의 인구학적 요인

프로그램 참여자의 연령, 성별, 교육수준, 소득, 가구 구성, 장애, 일상생활 기능 등이 포함된다. 또한 프로그램 제공자의 연령, 성별, 교육수준, 전문성, 경력 등이 포함된다.

② 프로그램 참여자가 가지고 있는 문제의 심각성

문제의 심각성을 고려하는 것은 이후 프로그램 개발에 유익한 정보를 주기 위해서다. 이때 프로그램 적용대상 자체에 대한 크리밍(creaming) 현상이 일어나지 않도록 주의하여야 한다.

앞의 예에서 살펴보았듯이, 저소득청소년 과외학습지원 프로그램의 경우, 비행경험이 없는 청소년에게서 프로그램 성과가 더 긍정적으로 나타났다. 비행경험이라는 문제가 프로그램 성과의 영향요인이 된 것이다. 이 결과를 바탕으로 앞으로 이와 유사한 프로그램을 진행할 때에 비행경험이 없는 청소년만을 골라 프로그램에 참여시키려는 의도는 피해야 할 것이다. 오히려 비행경험이 있는 청소년들, 즉 효과가 덜 나타난 청소년들을 위하여 다른 프로그램을 개발해야 할 필요성 및 어떤 프로그램을 개발해 보는 것이 좋을지를 고려할 수 있는 계기로 발전되어야 한다.

③ 프로그램 참여자의 거주지역 환경

거주지역의 환경, 예를 들어 범죄다발지역, 학군, 공단 등을 고려한다. 지역의 특성에 따라 프로그램 성과를 비교해 봄으로써 성과가 잘 나타나는 지역의 특성을 알 수 있다.

④ 조직의 특성

서비스 제공이 한 개 이상의 기관으로부터 제공되는 프로그램일 때 유용한 정보가 될 수 있다. 예를 들어, 독거노인을 위한 사례관리 프로그램의 성과를 '비공식적 지지망 형성' 이라고 결정하였다고 하자. 이 프로그램에서는 독거노인에게 지역사회의 다양한 사회복지 서비스기관으로부터 서비스를 받도록 지원했다고 하자. 이때 어떠한 기관으로부터 서비스를 받은 독거노인의 비공식적 지지망 형성이 더 많이 증가하였는지를 기관별로 비교해 볼 수 있다. 단, 서비스기관들은 기관별 성과가 비교되는 것을 불편해할 수 있으니 유의해야 할 것이다.

⑤ 제공되는 서비스의 종류 및 양, 의뢰 형태

제공되는 서비스의 종류(집단상담 또는 개별상담 등), 제공되는 서비스의 양(제공 시간 또는 빈도 등), 의뢰 형태(경찰/가족/본인 등) 등이 포함된다.

4. 3단계: 지표들의 자료원 확인하기

성과지표가 개발되면, 누가 성과지표의 정보를 가지고 있는지를 확인하는 단계를 거친다. 여기에서는 정보를 가지고 있는 자료원(data sources)의 종류와 자료원의 장단점을 살펴본다.

1) 자료원의 종류

성과지표의 정보를 가지고 있는 자료원은 크게 기록과 사람으로 분류된다.

(1) 기록

기록은 문서와 시각적 자료가 모두 포함된다.

① 프로그램 일지

각 기관의 프로그램 일지가 중요한 자료원이다. 예를 들어, 장애인의 취업능력강화 프로그램에서 지표가 '인터뷰 기술이 향상된 사람의 수' 라고 하자. 모의 직업 인터뷰에서 프로그램 참여자들이 얻은 점수를 기록해 놓은 프로그램 일지가 중요한 자료원이 된다.

② 타 기관의 기록

프로그램의 직접 제공 기관의 프로그램 일지 외에도 타 기관의 기록이 성과에 대한 중요한 정보를 제공해 준다. 예를 들어, 저소득층 자녀를 위한 과외학습지원 프로그램에서 지표가 '성적이 향상된 아동의 수' 라고 하자. 그렇다면 이 프로그램에 참여한 아동의 학교성적 기록이 성과지표의 정보를 제공해 준다.

③ 시각적 기록

문서로 기록된 자료 외에도 사진, 동영상, 비디오테이프 등의 시각적 기록이 중요한 자료원이 된다. 예를 들어, 마을 가꾸기 프로그램에서 지표가 '쓰레기나 빈 병이 치워져 깨끗해진 공터 수' 라고 하자. 프로그램이 실시된 이전과 이후의 공터 모습 등을 담은 사진을 비교함으로써 쓰레기나 빈 병이 얼마나 깨끗이 치워지게 되었는지를 알 수 있다.

(2) 사람

프로그램에 참여한 사람들과 그들의 주변인이 자료원이 된다.

① 프로그램 참여자

② 주요 정보제공자

부모 혹은 가족, 프로그램 제공 직원, 교사, 자원봉사자, 외부전문가 등이 포함된다. 예를 들어, 주의력결핍 아동을 위한 학교적응 프로그램의 경우, 담임교사로부터 아동의 행동 변화에 대한 정보를 획득한다. 또 다른 예로서, 마을회관 리모델링 프로그램 후 외부전문가로 하여금 회관의 상태, 예를 들어 냄새, 채광, 페인트나 내부 마감, 바퀴벌레나 쥐가 나타나는지의 위생상태 등을 점검하도록 하여 성과에 대한 정보를 얻을 수 있다.

③ 이웃 또는 일반 대중

예를 들어, 특정인이 아닌 일반 대중을 대상으로 실시하는 의식계몽 프로그램 등의 경우에 일반 대중이 유용한 정보를 제공해 줄 수 있다.

2) 각 자료원들의 장단점

지금까지 살펴본 기록과 사람의 자료원들은 각각 장점과 단점이 있다(〈표 2-9〉 참조). 자료원을 활용할 때는 다음의 장점과 단점을 꼼꼼히 따져 보아야 한다.

〈표 2-9〉 자료원의 장점과 단점

장점	단점
프로그램 일지	
• 접근이 용이하다. • 기관에서 데이터가 어떻게 수집되었는지 알 수 있으며, 좀 더 효과적인 정보수집을 위해 프로그램 일지의 양식을 수정할 수 있다.	• 정기적이고 정확하게 기록되지 않을 수 있다. • 필요한 모든 정보를 갖고 있지 않을 수 있다. • 클라이언트들에 대한 프로그램 이후의 변화 기록이 없다.
타 기관의 기록	
• 프로그램을 직접 제공하는 기관과 다른 관점을 제시해 줄 수 있다. • 클라이언트가 프로그램을 떠난 이후의 정보에 대해서도 알 수 있다.	• 정기적이고 정확하게 기록되지 않을 수 있다. • 필요한 모든 정보를 갖고 있지 않을 수 있다. • 비밀보장의 이유로 접근이 용이하지 않을 수 있다. • 기록된 기간이 성과측정을 위해 필요한 기간과 다를 수 있다.
프로그램 참여자	
• 프로그램 참여 이전과 이후의 정보에 대하여 직접적인 의견을 들을 수 있다.	• 개인의 기억, 주관적 해석에 의해 정보가 편의(bias)될 수 있다. • 자신이 좋게 변화되었다고 보여 주고 싶어서 혹은 프로그램 직원을 실망시키고 싶지 않아서 잘못된 정보를 줄 수 있다.
주요 정보제공자	
• 프로그램 대상자와 다른 견해를 제시해 줄 수 있다. • 프로그램 대상자들의 행동 변화에 대한 정보를 제공해 줄 수 있다.	• 가족의 경우, 자신의 아동이 비행을 저지르거나, 가족이 알코올 남용을 하는 행동을 숨길 수 있다. • 프로그램 직원의 경우, 내부 혹은 외부 평가로부터 좋은 결과를 보여 주고 싶어서 잘못된 정보를 줄 수 있다. • 외부전문가의 경우 자신이 갖는 견해나 기술의 한계로 정보가 왜곡될 수 있다. • 한 명 이상의 외부전문가일 경우 서로 정보가 일치하지 않을 수 있다.

이웃 또는 일반 대중	
• 특정 개인이 아닌 지역사회주민 전체 혹은 일반집단의 의견을 들을 수 있다	• 프로그램에 참여한 사람이 매우 적어 프로그램에 대한 정보를 충분히 획득하기 어려울 수 있다.[1]

1) 흡연예방교육 프로그램을 보건소에서 정기적으로 실시하였다고 가정하자. 참여한 사람이 매우 적을 수 있다. 이때 프로그램 성과를 질문할 수 있는 충분한 표본의 확보가 어려울 수 있다.

5. 4단계: 자료수집 방법 설계하기

성과지표의 정보를 가지고 있는 자료원을 확인하고 나면, 이들로부터 필요한 정보를 어떻게 얻을 것인가를 설계한다. 자료수집 방법을 설계하고 언제, 누구를 대상으로 수집할 것인가를 결정한다.

1) 자료수집 방법

자료수집 방법은 〈표 2-10〉에서 제시하듯이 매우 다양하다.

〈표 2-10〉 자료수집 방법의 종류

서베이	사례연구	증명서[5]
면접	시험[4]	전문가 혹은 동료 검토[6]
관찰[1]	사진, 비디오, 슬라이드	일기, 잡지, 기사
집단 이용[2]	문서 검토	일지
시뮬레이션[3]		

1) 예를 들어, 주의력결핍 아동을 위한 학교적응 프로그램 이후 어떠한 행동 변화를 보였는지 관찰한다고 할 때, 주의력결핍 행동 체크리스트를 이용하여 기록하면서 관찰한다.
2) 예를 들어, 포커스그룹을 이용한다.
3) 예를 들어, 어떤 특정 상황이나 문제에 대한 역할극을 해 본다.

4) 예를 들어, 이주여성의 한국어능력향상 프로그램의 경우 한국어능력에 대한 테스트 결과를 이용한다.
5) 예를 들어, 정신지체장애인을 위한 제빵기술훈련 프로그램의 경우 자격증을 검토한다.
6) 예를 들어, 외부전문가로 하여금 마을회관 리모델링 시 회관 상태(채광, 내부마감 상태 등)를 검토하게 한다.

앞에서 소개한 자료수집 방법을 설계할 때 다음을 고려해야 한다.

* 비용이나 시간을 고려할 때 수집방법이 실행가능한가?
* 신뢰할 수 있는 정보를 얻을 수 있는가?
* 유용한 정보를 얻을 수 있는가?
* 2개 이상의 자료수집 방법이 가능한가?
* 자료수집 방법을 선택할 때 충분히 창의적이었는가?
* 선택한 자료수집 방법이 어렵다고 빨리 포기하지는 않았는가?

다양한 자료수집 방법을 설계할 때, 관례적으로 수행되어 왔던 기존방법에서 벗어나 여러 방법을 실험적으로 시도해 보는 자세가 요구된다.

2) 측정도구의 발견 또는 개발

이미 개발되어 있는 측정도구(instrument)를 사용하거나, 또는 새롭게 개발해야 하는 경우도 있다. 여기에서는 측정도구를 찾는 방법과 측정도구를 개발해야 하는 경우에 고려할 점을 설명한다.

(1) 개발된 측정도구를 찾는 방법

측정의 오류를 극복하기 위하여 신뢰도와 타당도가 충분히 검증된 표준화된 측정도구를 선택하는 것이 중요하다. 기존에 개발되어 있는 표준화된 측정도구를 찾는 방법은 논문의 참고문헌, 척도집, 대학

도서관, 인터넷, 공동모금회 자료실, 타 기관 등의 자료를 참고한다.

(2) 측정도구를 새롭게 개발해야 하는 경우

이미 개발된 측정도구가 아닌, 설문지나 기록양식지를 새롭게 개발해야 하는 경우가 있다. 측정도구를 개발할 때는 응답자의 능력을 고려해야 하며, 짧고 간결하게 서술되어야 한다. 특히 포괄성, 상호배타성, 불필요한 정보수집을 피하는 등의 사항을 고려해야 한다.

① 포괄성

질문하고자 하는 개념에 대하여 응답할 수 있는 상황들을 모두 포함시키는 것을 의미한다. 종교에 대해서 묻는다고 하자.

> 귀하의 종교는?
> ① 불교 ② 증산교 ③ 이슬람교 ④ 종교 없음

위의 예는 포괄성이 결여된 경우다. 종교의 종류는 개신교, 가톨릭교, 원불교 등 무수히 많지만 이들을 모두 포함하지 못한다. 응답카테고리를 설정할 때는 일반적으로 많이 해당될 수 있는 분류를 주요하게 포함시켜야 한다. 예를 들어, 개신교나 가톨릭교가 여기에 해당된다. 많이 나타나는 속성이 아닌 경우는 '기타' 라는 카테고리를 포함시킨다. 위의 예에서는 오히려 증산교나 이슬람교가 '기타' 에 포함될 수 있다.

② 상호배타성

질문하고자 하는 개념에 대하여 응답하는 속성이 상호배타적이어야 한다. 음주량에 대해서 묻는다고 하자.

> 귀하는 일주일에 술을 얼마나 자주 마십니까?
> ① 가끔 ② 때때로 ③ 자주 ④ 상당히 ⑤ 많이

앞의 예는 상호배타성이 결여된 경우다. '가끔' '때때로' '자주'는 빈도를 나타낸다. '상당히' 나 '많이' 는 강도를 나타낸다. 일주일에 3일 술을 마시는 사람의 경우, '자주' 에 응답할 수 있고, '상당히' 에 응답할 수 있다. 질문의 답에 한 가지 이상의 응답이 가능하지 않도록, 즉 상호배타적이 되도록 측정도구를 구성해야 한다.

③ 불필요한 정보수집

측정하고자 하는 성과와 무관한 정보를 측정도구에 삽입할 필요가 없다. 어떠한 정보를 수집하려고 할 때 '그 정보가 다른 목적을 위해서라도 필요한가?' 라는 질문을 해 보는 것이 필요하다. 만약 불필요하다면 그 정보를 수집할 필요가 없다.

예를 들어, 노인을 위한 한글교육 프로그램에서 성과가 '읽고 쓰기 능력 향상' 이라고 하자. 그런데 질문지에 '차후 사회복지관에서 참여하기를 희망하는 프로그램이 무엇인지?' 를 넣고자 한다. 이 정보가 현 프로그램의 성과를 측정하는 데 필요한가? 또는 차후에라도 기관의 운영에 필요한가?를 판단할 필요가 있다. 필요하면 삽입하고 아니면 빼는 것이 좋다. 굳이 문항 수를 많이 만들어서 응답자의 시간과 노력을 낭비할 필요가 없다.

3) 자료수집 시기

자료수집 방법과 도구가 결정되면 언제 정보를 수집할 것인가를 결정한다. 자료수집 시기는 성과측정의 목적이 프로그램 진행시기 동안인가 혹은 이후인가에 따라 다양할 수 있다.

① 프로그램 실시 기간 상황 비교

프로그램을 통하여 개입대상의 상황이나 조건이 얼마만큼 변화하였는지를 파악하고자 하는 경우다. 특정 상황에 대한 프로그램 이전과 이후의 상태를 각각 측정하여 그 수치를 비교한다. 또는 프로그램 기간 동안 그 특정 상황에 대하여 일정 간격으로 측정하여 변화를 파악한다. 〈표 2-11〉은 이러한 각각의 상황을 보여 준다.

〈표 2-11〉 **프로그램 기간 동안의 자료수집 시기**

프로그램	성과	지표	자료수집 시기
치매노인부양 가족 프로그램	부양부담 감소	프로그램 기간 동안 감소한 부양부담의 %	프로그램 시작과 끝난 이후(각 시점에서 부양부담 측정)
비행청소년 학교적응 프로그램	안정적인 출석	지난 3개월 동안 무단결석을 하지 않은 청소년의 수 혹은 %	각 수업 시

② 프로그램 이후 상황 추적

주로 프로그램의 장기적 성과를 측정하는 경우에 해당한다. 한 번 이상의 추적조사를 하는 것이 바람직하다. 일반적으로 프로그램 종결 이후 6개월에서 12개월 사이에 추적조사를 해 보는 것이 좋다. 보다 장기적 성과는 2년 이후가 적당하다.

③ 프로그램이 일시적인 경우

긴급구호(예: 음식, 쉼터, 물) 등 프로그램이 일시적인 경우는 서비스가 제공되는 시기에 바로 측정한다.

4) 자료수집 대상

누구를 대상으로 자료를 수집할 것인가를 결정한다. 프로그램 대상자 전체를 대상으로 하는 것이 가장 바람직하다. 지역사회 전체주민을 대상으로 하는 프로그램 경우에는 충분한 규모를 포함시키되 프로그램의 표적집단에게 자료를 수집하는 것이 좋다. 예를 들어, 보건소의 '흡연교육 프로그램'이 지역사회 주민 전체를 위한 프로그램이었지만 실제로 프로그램에 참여한 사람을 대상으로 서베이하는 것이 좋다.

5) 정보수집가에 대한 훈련

자료수집의 객관성과 정확성을 위해서는 정보수집가에 대한 사전훈련 등 준비작업이 필요하다. 고려할 사항은 다음과 같다.

첫째, 정보의 객관성을 위해서 프로그램 제공 직원이나 프로그램 참여 자원봉사자가 직접 정보를 수집하지 않는 것이 바람직하다.

둘째, 수집된 정보에 대하여 비밀보장을 하도록 훈련시키며, 클라이언트에게 비밀보장을 하겠다는 동의안도 함께 준비시킨다.

셋째, 모의 인터뷰나 기록검토 혹은 관찰 등을 사전에 연습해 본다.

넷째, 클라이언트를 연계시킬 수 있는 서비스 기관의 리스트를 확보한다. 정보를 수집하는 동안 아동학대나 고용상담 등의 위급하거나 돌발적 상황 또는 욕구가 파악될 수 있다. 이때 필요한 서비스기관에 클라이언트를 연계할 수 있도록 하기 위해서다.

6. 5단계: 자료수집에 대한 모의 테스트 실시하기

성과측정의 각 단계가 모두 계획되면 본격적으로 자료수집에 들어가기 전에 사전작업을 실시해 본다. 기록검토의 경우, 5~10개 기록을 미리 검토해 본다. 서베이의 경우, 6~10명에게 미리 실시해 본다. 관찰의 경우 5개의 행위, 환경 또는 시설 등을 미리 관찰해 본다.

7. 성과측정의 예시

다음은 지금까지 제시한 성과측정의 단계에 맞추어 성과측정의 예를 제시하였다.

〈표 2-12〉 사례관리 성과측정의 예시

프로그램: 깨끗한 마을 가꾸기 교육 프로그램

성과 (outcome)	지표 (indicator)	자료원(data resource)	자료수집 방법 (data collection)	자료수집 시기 (schedule)
무엇을 원하는가?	어떻게 알 것인가?	누가 정보를 가지고 있는가?	어떻게 얻을 수 있는가?	정보는 언제 수집하는가?
자원봉사자들이 공터를 깨끗이 치우는 데 약속한다.	서약서의 수	서약서	서약서 검토	프로그램 종결 시
공터를 치우기 위한 행동 계획을 세울 수 있다.	행동 계획의 개발 유무	사회복지사	사회복지사 일지 검토	매일
공터가 깨끗해진다.	쓰레기, 빈 병 등이 치워진 공터 수	촬영된 비디오	관찰	프로그램 종결 6개월 후 1개월에 1번씩
어린이들이 공터에서 안전하게 뛰어논다.	불특정한 날에 공터에서 노는 아이들의 수	촬영된 비디오	관찰	프로그램 종결 9개월 후 1개월에 1번씩
지역주민들이 지역사회가 어린이들에게 안전하다고 느낀다.	1년 전에 비하여 지역사회가 안전하다고 느끼는 사람들의 수 또는 %	지역사회 주민	서베이	프로그램 종결 12개월 후

영향 요인 (factor)	자료원 (data resource)	자료수집 방법 (data collection)	자료수집 시기 (schedule)
무엇이 성과에 영향을 미치는가?	누가 정보를 가지고 있는가?	어떻게 얻을 수 있는가?	정보는 언제 수집하는가?
자원봉사자의 성별	사회복지사	사회복지사 일지 검토	프로그램 시작
자원봉사자의 연령	사회복지사	사회복지사 일지 검토	프로그램 시작
공터 지역의 특성	구청	구청직원 인터뷰	프로그램 시작

참고문헌

김영종(2001). 사회복지행정(개정판). 서울: 학지사.

김영종(2007). 사회복지 조사방법론(2판). 서울: 학지사.

Taylor-Powell, E., Steele, S., & Douglah, M. (1996). *Planning a Program Evaluation*. Madison: University of Wisconsin-Extention.

United Way of America (1996). *Measuring Program Outcomes: A Practical Approach*. United Way of America.

제3장

아동복지 분야의 성과측정

아동복지 성과측정은 궁극적으로 아동복지서비스의 실제적 수준을 향상시키고 클라이언트와 사회에 대한 전문적 책임성을 높이는 역할을 한다. 이 장에서는 아동복지 분야의 성과측정을 설명하기 위해 성과측정의 이슈 및 특성, 성과 영역, 성과측정 방법을 다룬다.

1. 아동복지 성과측정의 이슈와 특성

아동복지 분야의 성과측정을 효과적으로 수행하기 위해서는 우선 아동복지성과의 이론적 토대와 아동발달 수준, 성과측정 시기, 가족 양육환경 이슈들에 대한 이해가 필요하다.

1) 성과측정을 위한 이론적 검토

성과목표 설정을 위해서는 아동발달(child development), 아동보호(child protection), 아동권리, 아동과 가족지지(child and family support)의 개념적 의미와 실제적 중요성에 대한 이해가 필요하다. 또한 생태학적 접근을 활용하여 아동의 주요 환경체계를 확인하고 부모와 가족, 학교, 지역사회 수준에서 개별아동의 생존과 보호, 안전과 교육에 대한 욕구와 성과목표 및 각 체계에 적합한 지표와 자료수집 방법을 선택한다.

2) 발달수준에 따른 차별적인 성과측정

아동의 발달수준에 따라 자아개념, 문제해결능력, 적응력, 사회성 등을 개별적으로 파악하고 문제 정도의 기초선을 확보한 후 성과를 정의한다. 만 10세 이하의 아동일 경우에는 자기기입식 기능수준 척도나 표준화된 척도를 사용할 경우 오류발생 가능성이 높다. 따라서 아동의 변화에 민감한 측정지표를 개발하고 부모와 교사 등 다양한 자료원을 활용한다.

3) 가족 양육환경 강화에 대한 이해

아동복지성과는 가족복지 성과측정과 중복되는 경우가 많다. 실질적으로 아동복지의 주요 클라이언트 체계는 빈곤아동, 폭력가정 아동, 이혼가정 아동, 알코올중독가정 아동, 학대 및 방임아동 문제를 포함한다. 따라서 아동복지서비스의 실질적인 효과는 아동개인의 변화와 더불어 부모의 양육능력 및 가족기능에 관련된 성과가 확인될 때 구체화될 수 있다.

4) 성과측정 시기에 대한 합리적 선택

아동은 성인에 비해 욕구충족을 연기하기가 어렵고 또한 충족 여부와 변화에 대해 매우 민감하게 반응한다. 아동복지 분야에서 성과측정을 계획할 경우에는 단기 · 중기 · 장기성과의 내용과 측정시기에 대한 면밀한 검토가 필요하다. 특히 중기 혹은 장기성과는 투입된 프로그램이나 서비스에 의한 효과보다는 시간경과에 따른 아동의 성장효과나 외부요인들에 의해 영향을 많이 받게 되므로 적절한 측정시기 선택은 상당한 도전이 된다.

2. 아동복지 성과측정의 영역

아동복지성과 영역으로는 개별 아동의 생존과 보호, 발달, 교육에 관한 요소들과 아동의 주요 환경체계인 부모와 가족의 양육기능에 관한 내용이 고려된다. 이 장에서는 아동복지성과 영역을 아동의 건강과 안전, 교육성취와 인지적 성장, 사회적 · 정서적 발달, 가족 양육환경으로 설명한다.

1) 건강과 안전

아동의 건강과 안전은 아동이 생존하고 성장하며 교육을 받을 수 있는 안전하고 지지적인 환경과 조건을 보장해 주는 것을 의미한다. 건강과 관련된 성과 영역은 균형 있는 식습관과 영양상태,

청결한 위생상태, 건강한 생활습관, 연령에 적합한 신체조건과 신체활동을 포함한다. 안전에 관련된 성과 영역은 아동이 가족이나 보호자, 주변 환경체계로부터 학대나 방임의 상황에 방치되지 않으며, 이웃이나 지역사회 내의 잠재적인 위험상황으로부터 보호되는 것을 의미한다.

- 신체적, 언어적, 정서적, 성적 학대의 예방 및 치료
- 성인의 보호지도가 없는 방임과 방치상황의 예방 및 치료
- 위험행동의 감소 및 예방
- 지역사회 내 잠재적 위험이 있는 환경이나 대상으로부터 보호
- 규칙적인 식습관, 균형 있는 영양상태
- 청결한 외모, 위생상태, 건강한 생활습관
- 연령에 적합한 신체조건, 신체활동, 체력

2) 인지적 발달과 교육기회

아동의 교육성취와 인지적 발달은 아동이 교육을 받을 수 있는 기회와 조건을 보장받고, 연령에 적합한 인지적 능력과 기술을 획득할 수 있도록 지원하는 것을 의미한다. 교육성취 영역은 아동에게 평등한 교육기회를 제공하고, 학업참여의 지속성과 학업능력을 향상시키기 위한 아동의 개별적 특성을 개발하는 것이다. 또한 인지적 발달 영역은 아동이 연령에 적합한 문제해결능력과 인지능력 및 기술을 획득하는 것이다.

- 교육기회에 대한 참여와 지속
- 학업에 대한 동기, 흥미, 자신감 향상

- 연령에 적합한 인지능력 및 기술 획득
- 문제해결능력, 집중력, 과업수행능력
- 의사표현능력, 위기대처능력, 환경탐색능력

3) 사회적 · 정서적 발달

사회적 · 정서적 발달은 아동이 다양한 상황과 장소에서 자신의 연령에 적합한 사회적 행동과 기술, 정서적 안정감을 나타내는 것을 의미한다. 정서적 안정감의 영역은 긍정적인 자기이해와 자기통제 및 문화적 기회의 참여를 포함한다. 사회적 발달 영역은 또래에 대한 관심과 관계 형성, 사회행동 기술, 대화기술, 집단의 규칙과 기대를 이해하고 적응하는 기술 등을 포함한다.

- 또래관계 형성 및 유지
- 성인과의 관계: 애착, 수용, 협조, 분리 등
- 집단에 대한 적응, 소속, 유대
- 행동규제: 행동통제, 자제, 만족의 지연
- 연령에 적합한 생활기술/사회기술 획득: 타인에게 반응, 도움요청, 자기주장
- 관계 형성, 자기통제, 대화기술, 집단의 규칙에 적응, 상호작용기술
- 정서적 안정감: 자율성, 정체성, 자기이해, 협조, 신뢰감
- 주도성, 유능감
- 규칙과 기대에 대한 인식

4) 가족 양육환경 강화

가족 양육환경 강화는 가족 내에서 아동의 성장과 발달을 위한 적절한 양육환경이 조성될 수 있도록 보육 및 방과 후 보호에 대한 지원, 부모역할 교육, 가족보존 및 가족해체의 예방, 가족에 대한 경제적 지원을 제공하는 것을 의미한다.

- 부모교육, 양육태도 및 양육기술의 교육
- 보육지원, 방과 후 보호
- 아동학대 및 방임의 예방 및 치료, 교육
- 저소득층가정에 대한 경제적 지원
- 가족보존 및 가족해체의 예방

3. 아동복지 성과측정의 단계

아동복지성과는 다음의 5단계를 통해 측정된다. 아동복지기관에서는 우선 준비단계를 통해 성과측정을 위한 실무진을 구성하고, 구체적인 추진일정과 각 단계에서 필요한 주요 업무 및 협조사항들을 점검하는 것이 필요하다.

* 준비단계: 성과측정을 위한 실무진 구성하기
* 1단계: 성과 정의하기
* 2단계: 성과별 지표(indicator)와 성과의 영향요인 결정하기
* 3단계: 지표들의 자료원(data source) 확인하기
* 4단계: 자료수집 방법 설계하기
* 5단계: 자료수집에 대한 모의 테스트 실시하기

1) 1단계: 성과 정의하기

성과측정의 1단계는 성과를 정의하고 설정하는 과정이다. 성과 정의를 위해서는 성과의 개념과 단기 · 중기 · 장기성과의 분류, 논리모델 활용에 대한 이해가 필요하다.

(1) 성과의 개념

성과는 아동이나 그 가족이 서비스 프로그램에 참여하는 도중이나 이후에 경험하는 삶의 변화와 혜택, 성취를 의미한다. 즉, 성과는 실시되는 프로그램이 아동의 인식과 태도, 행동, 삶의 환경에 어떤 차이를 만들어 냈는가를 보여 주는 것이다. 성과의 초점은 아동 개인뿐만 아니라 가족, 집단, 지역사회, 아동복지관련 기관 및 조직과 같은 다양한 체계가 될 수 있다. 성과의 초점이 클라이언트 체계의 '변화'가 아니라 서비스를 제공하는 사회복지사의 '활동'에 맞춰진다면, 〈표 3-1〉에 제시된 것과 같이 성과정의가 아니라 산출중심의 정보제공이 될 수 있다. 그러므로 성과를 정의하기 위해서는 기본적으로 '이 프로그램의 결과로 누구의(who), 삶의 어떤 부분에(in what), 어떤 유형의 변화(type of change)가 발생하는가?'의 질문을 제기하고 답할 수 있어야 한다.

〈표 3-1〉 성과중심과 산출중심의 정의 비교

산출중심	성과중심
아동에게 보충학습 지도를 한다.	아동의 기초학습능력이 향상된다.
아동학대예방교육을 실시한다.	부모는 아동학대의 부정적 영향을 인식한다.
예절교육을 실시한다.	아동이 연령에 적합한 언어를 사용한다.
집단놀이치료 프로그램을 실시한다.	아동의 자기표현능력이 향상된다.

(2) 논리모델의 활용

성과는 서비스 프로그램의 결과로 나타나기 때문에 성과를 적절하게 정의하기 위해서는 논리모델을 통해 프로그램 구성요소들의 논리적 연결을 이해해야 한다. 논리모델은 〈표 3-2〉와 같이 투입(inputs), 활동(activities), 산출(outputs), 성과(outcomes)의 흐름으로 구성되어 있다. 투입의 구성요소는 프로그램 진행을 위해서 투입되는 인적, 물적, 경제적 자원과 시간이며, 활동은 프로그램 진행과정에서 제공되는 서비스 활동을 의미하고, 산출은 프로그램 활동의 산물이라고 할 수 있다. 〈표 3-3〉은 논리모델 활용의 실례로 저소득가정 자녀를 위한 학습멘터링 프로그램을 간단히 구성한 것이다.

〈표 3-2〉 **논리모델 양식**

투입	활동	산출	성과		
			단기성과	중기성과	장기성과

〈표 3-3〉 **아동 학습멘터링 프로그램**

투입	활동	산출	성과
• 멘터 자원봉사자 • 주 2회/ 2시간씩	• 학습지도 • 레크리에이션 활동 • 정서적 지지 • 간식 제공	• 멘티 아동 30명 참여 • 멘터 자원봉사자 40명 참여 • 15주/총 60시간 학습멘터링서비스	• 아동의 학습흥미 향상 • 아동의 집중력 개선 • 아동의 정서적 안정감 향상

- 투입: 아동복지 프로그램에 투입된 인력(실무직원 및 자원봉사자), 예산, 시간, 물자/장비/시설, 기술
- 활동: 개입 또는 목표달성을 위한 구체적인 아동복지서비스 활동
- 산출: 프로그램 활동의 산물, 서비스 제공인원 수, 서비스 이용자 수, 서비스 횟수, 서비스 제공시간 등
- 성과: 아동복지 프로그램을 통해 표적집단에 나타난 변화, 단기/중기/장기성과

(3) 단기 · 중기 · 장기성과의 정의

성과의 내용은 단기 · 중기 · 장기성과로 정의된다. 단기성과는 프로그램 실시로 즉각적으로 생성되는 학습의 결과로서 클라이언트의 인식, 지식, 태도, 신념, 의도의 변화를 나타낸다. 중기성과는 프로그램을 통해 우선적으로 나타난 지식과 태도의 변화에 의해서 클라이언트의 행동에 나타난 변화를 의미한다. 장기성과는 프로그램의 궁극적인 성과로서 클라이언트와 주변체계의 사회적, 경제적, 환경적 상황과 지위의 변화를 나타낸다. 〈표 3-4〉는 방과 후 프로그램의 성과를 단기 · 중기 · 장기성과로 정의한 내용이다.

단기 · 중기 · 장기성과를 설정하는 것은 제공하는 프로그램의

〈표 3-4〉 단기 · 중기 · 장기성과의 정의: 방과 후 프로그램

구분	내용
단기성과	• 아동이 방과 후 성인의 보호하에 안전한 환경에서 지낸다. • 아동이 방과 후 규칙적인 생활습관의 중요성을 인식한다. • 아동이 방과 후에 건전한 또래활동에 참여한다.
중기성과	• 아동의 기초학습시간이 증가한다. • 아동의 학습에 대한 흥미 정도가 증가한다. • 아동이 연령에 적합한 언어를 사용한다. • 아동의 또래관계에 대한 유대감이 증가한다.
장기성과	• 아동의 학교생활 자신감이 향상된다. • 아동의 사회적 유능감이 향상된다. • 가족의 사교육비 부담이 감소한다. • 지역사회 내 아동방임 및 아동위험행동 발생 수가 감소한다.

유형에 따라 간혹 어려운 작업이 될 수 있다. 성과를 쉽게 정의하기 위해서는 시간경과에 따라 나타나는 클라이언트의 변화를 연결과정(outcome chain)으로 나열해 보는 것이 유용하다. 성과연결 과정은 클라이언트의 반응 학습 행동 결과 목적달성으로 진행되며, 구체적인 예는 〈표 3-5〉와 같다. 성과연결 과정에서 반응은 일차적인 만족도 수준이므로 성과로 정의되기가 어렵지만 학습과 행동은 각각 단기와 중기성과로, 결과와 목적달성은 장기성과로 설정될 수 있다.

〈표 3-5〉 성과연결 과정

반응	피드백	• 아동은 서비스가 유익하다고 반응했는가? • 아동은 서비스에 만족했는가?
학습	지식/태도의 변화	• 아동이 어떤 지식을 습득했는가? • 아동의 인식에는 어떤 변화가 있었는가?
행동	행동/기술의 변화	• 아동의 인식과 태도변화는 행동에 어떤 변화를 가져왔는가? • 아동은 행동변화를 지속적으로 유지했는가?
결과	조건/상황의 변화	• 아동의 행동변화는 삶의 상황(지위)에 어떤 변화를 가져왔는가? • 아동의 가족 및 환경체계에는 어떤 영향을 주었는가?
목적달성	프로그램의 궁극적 목적 달성	• 다수 아동들의 조건/상황의 변화와 환경체계에 대한 효과가 지역사회에는 어떤 혜택을 주었는가?

(4) 아동복지성과에 대한 아이디어 모으기

아동복지성과에 대한 아이디어를 얻기 위해서 다음에 제시된 것과 같이 기관내외 서비스관련 이해당사자들의 다양한 의견들과 기관의 기록이나 문서를 참조한다.

- 프로그램을 제공하는 기관의 직원 또는 자원봉사자
- 기관의 위원회 활용: 지역사회 입장에서 바라는 성과를 제시
- 현재나 과거 프로그램 참여 아동 및 가족: 면접, 서베이, 포커스그룹
- 유사한 아동복지 프로그램을 제공하는 타 기관
- 외부전문가 및 자금지원 기관
- 기관문서 및 프로그램 자료 검토: 연차보고서, 기관의 서비스 목적 및 미션, 프로그램 지원신청서에 적힌 목적, 유사한 프로그램 관련 문헌검토 등

성과의 개념과 유형 및 성과연결과정에 대한 이해가 되었다면, 아동복지 프로그램의 성과 영역을 선택하여 직접 정의해 보고 다음의 체크리스트를 활용하여 성과내용의 적절성을 점검해 볼 수 있다.

성과 체크리스트 ▼

* 성과는 실제적이고 성취가능한가?
* 성과는 '변화'를 반영하고 있는가?
* 성과는 클라이언트 만족도 이상의 범위로 기술되어 있는가?
* 단기, 중기, 장기성과는 논리적으로 서로 연결되는가?
* 성과에 지나친 비약은 없는가? 프로그램을 통해 가능한가?
* 성과는 산출중심의 범위를 넘어선 것인가?
* 프로그램 실시의 다양한 이해관계자들이 성과내용에 동의하는가?
* 성과에 영향을 줄 수 있는 요소들을 통제할 수 있는가?

2) 2단계: 성과별 지표와 성과의 영향요인 결정하기

성과측정의 2단계에서는 앞서 정의한 성과들을 실제적으로 측정할 수 있는 지표들을 선택하고 개발한다. 또한 측정하고자 하는 성과지표에 영향을 줄 수 있는 외부적 요인들을 확인하는 것이 필요하다.

(1) 성과지표

성과지표는 성과달성 여부를 보여 주는 구체적인 정보다. 성과지표는 클라이언트의 변화 정도를 확인할 수 있는 증거로서 기대하는 성과와 실제적인 자료수집 과정을 연결해 주는 역할을 한다. 〈표 3-6〉은 아동 방과 후 프로그램의 성과를 판단하는 데 도움을 주는 지표들의 예를 제시한 것이다.

성과지표로는 측정가능하거나 관찰가능한 양적 · 질적 정보가 모두 가능하며, 일반적으로 빈도나 비율(%), 점수로 수량화하는 경우가 많다. 하나의 성과에 대해서 1～3개의 지표가 사용되는 것이 적절하며, 복수지표를 사용할 경우에는 상호배타성이 고려되어야 한다. 한편, 일부 사회복지사들은 클라이언트의 서비스 만족도를 프로그램 성과 혹은 효과로 측정하는 경우가 있는데, 서비스 만족도는 개입으로 인한 변화 여부를 보여 주는 정보가 아니므로 성과지표로 활용될 수 없다.

정의한 성과내용을 측정하기 위한 지표들을 선택했다면 다음의 체크리스트를 활용하여 성과지표의 적절성을 점검할 수 있다.

〈표 3-6〉 성과지표의 예: 방과 후 프로그램

성과	성과지표
아동이 방과 후에 안전한 환경에서 시간을 보낸다.	• 프로그램 참석 이후 2개월간 방과 후 성인의 보호하에 있는 아동의 수 또는 비율 • 프로그램 참석 이후 2개월 동안 아동이 방과 후에 도로나 PC방에서 보낸 시간의 감소량
아동이 학교생활에 흥미를 갖게 된다.	• 프로그램 참석 이후 2개월간 아동이 학교 숙제를 완성한 빈도의 증가량 • 프로그램 참석 이후 3개월간 학교출석률 및 지각횟수 • 프로그램에 참석한 아동 중 지난 한 학기 동안 학업성적이 좋아진 아동의 수 또는 비율
아동이 연령에 적합한 언어를 사용한다.	• 프로그램 참석 이후 4주 동안 연령에 적합하지 않은 욕설 혹은 비어 등을 사용한 횟수의 감소량 • 프로그램 참석 이후 언어행동 체크리스트 점수의 변화량
아동이 긍정적인 또래관계를 형성한다.	• 프로그램 참석 이후 2개월간 방과 후 또래들과의 놀이활동에 참여한 시간의 증가량 • 프로그램 참석 이후 2개월간 방과 후 또래의 집을 방문하거나, 또래들이 아동의 집을 방문한 횟수의 변화량 • 프로그램 참석 전후 또래관계 척도 점수에서 유의미한 증가를 나타낸 아동의 수

성과 체크리스트 ▼

* 측정하고자 하는 성과를 정의하고 있는가?
* 구체적으로 기술되어 있는가?
* 측정가능한가? 관찰가능한가?
* 시간범위가 한정되어 있는가?
* 자료수집이 가능한가?
* 2개 이상의 지표가 가능한가?
* 복수의 지표들은 상호배타적인가?

(2) 성과의 영향요인

실질적으로 프로그램의 성과에 영향을 주는 내적 · 외적 환경 결정요인들을 통제하는 것은 어렵다. 성과의 영향요인은 성과의 성공 혹은 실패가 구체적으로 아동과 환경체계의 어떠한 특성에 의해 발생하는가를 설명해 주기 때문에 프로그램 성과를 해석하거나 유사한 프로그램을 개발할 경우 반드시 검토해야 할 정보다. 아동복지 프로그램 성과에 관련된 영향요인으로는 서비스 대상 아동과 가족환경의 특성과 제공되는 서비스 프로그램 활동 등이 포함되며, 각 영향요인의 내용을 정리하면 다음과 같다.

① 서비스 대상 아동의 특성

아동의 연령, 성별, 인지수준, 문제의 심각성, 동기수준, 기대 정도, 건강상태, 과거 프로그램 참여 여부, 보육시설 및 학교생활 적응 정도 등

② 가족환경의 특성

가족구조, 부모의 성격, 부모의 양육스타일, 부모의 인지수준, 가족의 지지, 가정의 경제수준, 가족기능의 적절성, 주거환경, 거주지역 등

③ 제공되는 서비스 프로그램의 특성

제공되는 서비스의 종류, 서비스 제공 기간 및 빈도, 의뢰형태, 서비스 제공기관의 유형 등

④ 서비스 제공자의 특성

성별, 연령, 직업경력, 전문적 능력 등

3) 3단계: 성과지표의 자료원 확인하기

성과지표를 개발한 후 성과측정의 3단계에서는 성과지표의 정보들을 누구로부터 어떤 형태로 획득할 것인가를 결정한다. 성과지표의 자료원은 일반적으로 기록과 사람으로 구별된다.

(1) 기록

- 프로그램 일지, 관찰기록지, 아동행동 체크리스트
- 클라이언트 로그, 학교생활 수행 및 출석기록, 타 서비스기관의 기록
- 시각적 자료: 동영상, 사진, 차트, 비디오테이프

(2) 사람

- 서비스 대상자: 아동 및 부모
- 서비스 제공자: 사회복지사
- 주요 정보제공자: 가족, 교사, 자원봉사자, 또래, 이웃, 외부전문가 등

4) 4단계: 자료수집 방법 설계하기

성과지표의 정보를 얻을 수 있는 자료원이 확인되면, 성과측정의 4단계에서는 자료원으로부터 자료를 수집하는 방법과 측정도구, 자료수집 시기를 구체적으로 계획한다. 자료수집 방법은 크게 양적 · 질적 방법으로 분류되며, 기능수준 척도와 표준화된 측정도구가 많이 활용된다. 자료수집 방법을 설계할 때 점검해야 할 내용은 다음과 같다.

자료수집 방법 체크리스트

* 자료원(특히 아동)이 자료수집 방법에 반응할 능력이 충분한가?
* 자료수집 과정이 아동(부모 및 가족)에게 부정적인 영향을 주지 않는가?
* 비용, 인력, 시간 면에서 실행가능성이 있는가?
* 2가지 이상의 자료수집 방법이 가능한가?
* 신뢰할 수 있는 정보를 얻을 수 있는가?

(1) 양적 · 질적 방법

① 양적 방법

- 표준화된 척도, 설문지, 기능수준 척도, 시험, 각종 기록 등을 활용하여 수량화된 자료들을 수집하는 방법
- 장점: 성과를 수량으로 표현할 수 있기 때문에 시간이나 비용 면에서 경제적이고 결과 제시에 편리

② 질적 방법

- 심층면접과 행동관찰, 클라이언트 로그, 사례연구, 포커스집단, 역할극, 영상자료 등을 통해서 클라이언트의 변화 상황을 보여 주는 대화, 사진, 상징, 장면 등의 자료를 수집하는 방법
- 장점: 클라이언트의 변화가 진행되는 상황의 특성과 상호관계, 영향요인에 대한 자료를 제공해 주기 때문에 성과에 대한 평가뿐만 아니라 이후 서비스 전달체계와 프로그램 개선에 유용한 정보를 제공
- 심층면접과 행동관찰을 통해 수집한 질적 자료는 양적 자료로 전환하여 사용 가능

(2) 기능수준 척도의 개발

기능수준(level of functioning) 척도는 아동의 사회적, 인지적, 정서적 행동에 관한 개별적인 기능수준을 측정하기 위한 도구다. 〈표 3-7〉은 아동의 언어사용과 관련된 기능수준 척도의 예를 보여 준다. 기능수준 척도는 아동의 연령이나 문제수준에 따라 자가척도 혹은 등급척도의 형태로 사용된다. 자가척도는 프로그램 제공자와 아동이 함께 변화 여부를 측정하기 위해 척도를 구성하고 점수를 매기는 형태이며, 등급척도는 아동의 부모나 교사 혹은 자원봉사자들이 아동의 변화 상태를 체크하는 양식이다.

〈표 3-7〉 **기능수준 척도**

성과 영역	기능수준
아동의 언어 사용	1점: 사회적으로 용납될 수 없는 언어 사용 ↓ 5점: 아동의 연령에 적합한 언어 사용

(3) 표준화된 측정도구의 활용

표준화된 측정도구를 활용할 때는 우선적으로 신뢰도, 타당도, 표본의 특성, 실용성을 확인해야 하며, 특히 아동의 연령과 인지수준을 고려하여 응답항목의 구조와 설문문항의 내용타당도를 면밀하게 점검해야 한다. 특히 사회복지사들은 표준화된 척도를 사용하기 전 정확하게 척도를 실행하고 점수화할 수 있는가에 대해 확인해야 한다.

표준화된 척도는 논문의 참고문헌, 척도집, 전문가의 자문, 대학도서관, 공동모금회 자료실, 인터넷 서치 등을 통해서 찾을 수 있으며, 아동에 관련된 표준화된 척도는 다음의 척도집에서 쉽게 구할 수 있다. 한 측정도구를 선택할 때는 다음의 체크리스트를 참조하면서 점검하는 것이 유용할 것이다.

- 고려대학교 부설 행동과학연구소 편(2001). 심리척도 핸드북 I. II. 학지사.
- 서울구립 반포종합사회복지관 편(2007). 사회복지척도집(2판). 나눔의 집.
- 이소희 외(2005). 아동발달척도 핸드북. 대왕사.
- Corcoran, K., & Fischer, J. (2000). *Measures for Clinical Practice: A source book, Volume 1. Couples, Families, and Children*. New York: Free Press.

측정도구 활용을 위한 체크리스트 ▼

* 이 척도는 프로그램이 알고자 하는 것을 측정한다.
* 이 척도는 변화에 민감하게 구성되어 있다.
* 이 척도는 평가될 아동과 가족의 문화적 특성에 적절하다.
* 이 척도의 신뢰도와 타당도는 충분히 높다.
* 이 척도를 통해 사용할 수 있는 자료원이 충분하다.
* 이 척도는 개발자의 지침만 따르면 실행하기가 용이하다.
* 이 척도를 실행하는 실무자는 정확하게 도구를 실행하고 점수화하는 데 필요한 교육을 받았다(받을 것이다).

(4) 자료수집 시기의 결정

자료원과 구체적인 자료수집 방법이 결정되면, 자료수집 시기를 결정해야 한다. 자료수집 시기의 결정은 프로그램이 제공되는 동안 변화를 측정하는 주기적인 간격과 변화의 지속기간 설정문제, 프로그램 종결 이후 중기나 장기성과의 측정시기 문제와 관련된다. 〈표 3-8〉은 자료수집 시기를 계획한 예다. 프로그램의 종류와 성과내용, 서비스 대상 아동의 특성에 따라 중장기성과의 측정시기는 상이하게 설정될 수 있지만, 대개 프로그램 종결 후 6~12개월 사이 혹은 2년 정도 기간에 추적조사를 통해 장기성과를 측정하는 것이 일반적이다.

〈표 3-8〉 자료수집 시기 계획

성과	성과지표	자료수집 시기
아동이 긍정적인 또래관계를 형성한다.	프로그램 참석 이후 지난 2개월 간 방과 후 또래들과의 놀이활동에 참여한 시간의 증가량	매일/2개월
	프로그램 참석 이전과 프로그램 종료 후 또래관계 척도 점수의 유의미한 변화량	프로그램 실시 직전 프로그램 종료 직후

5) 5단계: 자료수집에 대한 모의 테스트 실시하기

성과측정 각 단계에 대한 이해가 충분히 되었다면 아동복지성과에 관련된 자료를 수집하는 방법을 실제적으로 연습해 보는 것이 좋다. 이러한 과정을 통해서 아동이나 가족들 그리고 관련 기록으로부터 자료를 수집할 때 발생하는 오류들을 확인할 수 있고, 또한 다양한 자료수집 방법(설문조사, 관찰, 심층면접 등)의 적절성을 비교할 수 있다.

4. 아동복지 성과측정의 예시

제시된 예시를 참조하면서 참여한 경험이 있는 아동복지 프로그램을 활용하여 다음의 빈칸을 완성해 보자.

〈표 3-9〉 아동복지 성과측정의 예시

성과	지표	자료원	자료수집 방법	자료수집 시기
무엇을 원하는가?	어떻게 알 것인가?	누가 정보를 가지고 있는가?	어떻게 얻을 수 있는가?	정보는 언제 수집하는가?
아동이 방과 후에 안전한 환경에서 시간을 보낸다.	프로그램 참석 후 2개월간 아동이 방과 후에 PC방이나 도로에서 보낸 시간의 변화량	아동/ 자원봉사자	아동 행동일지/자원봉사자의 관찰	매일/2개월
아동이 학교생활에 흥미를 갖게 된다.	프로그램 참석 이후 3개월간 학교출석 및 지각횟수의 변화량	교사	인터뷰 학교 출석부	1주/3개월

영향 요인	자료원	자료수집 방법	자료수집 시기
무엇이 성과에 영향을 미치는가?	누가 정보를 가지고 있는가?	어떻게 얻을 수 있는가?	정보는 언제 수집하는가?
아동의 연령	사회복지사	클라이언트 카드	프로그램 시작
교사의 지지	교사	인터뷰	1주/3개월

참고문헌

Anderson, K., Lippman, L., & Brown, B. (2004). Indicators of child well-being: The promise for positive youth development. *The Annals of the American Academy, 591*, 125-145.

Child Trends (1999). *Indicators of child and family well-being: The good, thebad, and the ugly*. Child Trends.

Layzer, J. I., & Goodson, B. D. (2006). The "quality" of early care and educational settings: Definitional and measurement issues. *Education Review, 30*(5), 556-576.

Trocom, N. (2003). The importance of process in developing outcome measurers: Keynote address. *National outcome symposium*. Centre of Excellence for Child Welfare.

United Way of America (1999). *Archiving and measuring community outcomes: Challenges, Issues, Some approaches*. United Way of America.

Ward, H. (1998). Using a child development model to assess the outcomes of social work interventions with families. *Children & Society, 12*, 202-211.

Zaslow, M., Halle, T., Cabrera, N., Calkins, J., Pitzer, L., & Magie, N. G. (2006). Child outcome measures in the study of child care quality. *Education Review, 30*(5), 577-610.

제4장

청소년복지 분야의 성과측정

최근 우리나라 청소년복지 분야는 청소년문제의 심각성과 욕구의 복합성이 가시화됨에 따라 집중적인 다체계적 개입 프로그램의 개발과 효과성 검증이 요구되고 있다. 이 장에서는 이러한 청소년복지 분야의 성과측정을 설명하기 위해 성과측정의 이슈 및 특성, 성과 영역, 성과측정 방법을 다룬다.

1. 청소년복지 성과측정의 이슈와 특성

청소년복지 성과측정을 실시하기 위해서는 우선적으로 청소년복지의 접근방법 변화와 청소년문제와 성과측정 대상, 예방 프로그램의 성과측정, 프로그램의 부수적 효과의 이슈들에 대한 이해가 필요하다.

1) 청소년복지의 접근방법 변화

최근 청소년복지는 기존의 결핍과 치료중심의 접근이 아니라 강점 관점과 예방중심의 접근을 토대로 청소년문제 발생에 영향을 줄 수 있는 보호요인과 위험요인을 파악하는 데 초점을 두고 있다. 따라서 청소년대상 서비스와 성과측정의 질적 수준을 확보하기 위해서는 생태체계적 관점을 활용하여 다양한 환경체계 속에서 청소년의 강점과 자원, 문제행동의 보호요인 및 위험요인을 확인한 후 성과목표를 설정하고, 이러한 내용을 반영할 수 있는 측정지표를 개발하는 것이 필요하다.

2) 청소년문제와 성과측정 대상

일반적으로 청소년복지와 청소년문제는 동등한 개념 틀을 활용하여 파악되고 있다. 청소년복지 성과측정은 빈곤 청소년, 가출청소년, 비행청소년, 사이버일탈청소년, 성매매청소년 등과 같이 문제를 가지고 있는 취약집단 청소년의 변화에 국한되지 않는다. 따라서 성과측정은 취약집단 청소년뿐만 아니라 일반 청소년의 기본적 욕구충족을 넘어서 삶의 질을 향상시키고 사회적 기능과 역할 촉진을 확인하는 데도 초점이 맞춰져야 한다.

3) 예방 프로그램의 성과측정 시기

청소년복지 분야는 최근 예방적 개입 및 조기개입의 원칙이 강조되면서 성행동, 비행, 학교폭력, 약물, 가출에 관련된 예방교육과 아웃리치 프로그램이 더욱 강화되고 있다. 청소년이 성인기로 진입하는 시점을 고려한다면 이러한 프로그램들의 성과내용과 측정시기를 결정하는 것은 쉽지 않다. 일반적으로 예방 프로그램이나 아웃리치 프로그램의 경우 성과측정이 어렵다는 이유로 산출평가나 만족도조사 정도로 끝내는 경우가 많은데, 예방적 개입의 중요성이 강조되고 있는 점을 고려한다면 중장기성과를 직·간접적으로 평가할 수 있는 방안이 필요하다.

4) 프로그램의 부수효과 인식

청소년복지뿐만 아니라 대부분의 휴먼서비스 영역의 성과측정은 프로그램의 하위 활동요소마다 일대일로 성과를 설정해서 인과관계를 적용할 수 없다. 청소년의 변화는 제공하는 프로그램의 개별활동뿐만 아니라 프로그램을 구성하는 다양한 서비스 활동들의 연합된 효과들에 의해서 나타난다. 특히 청소년 문제행동은 동시다발적으로 발생하는 경우가 많고 관련된 환경체계도 밀접하게 연관되어 있다. 그러므로 특정 문제행동이나 요인을 목표로 하는 서비스가 청소년의 다른 문제나 환경체계에 대해 부수적인 효과를 줄 수 있다는 점을 인식해야 한다.

2. 청소년복지 성과측정의 영역

청소년복지의 성과 영역은 기본적으로 긍정적 청소년발달(positive youth development)의 원칙을 근거로 다양한 환경체계 수준에서의 강점개발과 기회제공을 고려한다. 강점개발과 환경체계의 변화에 초점을 둔 프로그램 제공과 성과측정은 청소년문제와 관련된 보호요인을 강화시켜 주고 위험요인을 감소시키는 데 효과가 있다. 이 장에서는 청소년복지 성과 영역을 청소년의 내적 강점 영역과 환경체계 영역으로 분리하여 설명한다(Hamilton et al., 2004; Search Institute, 1997).

1) 청소년의 내적 강점 영역

청소년복지 성과 영역의 내적 강점 영역이란 학업수행, 정직성, 대인관계 자신감, 목적의식 등과 같은 개인적 자질과 능력을 의미한다. 이러한 감정 영역은 청소년이 다양한 문제상황이나 환경체계와의 상호과정에 적극적으로 대처하고 긍정적인 성장을 하도록 한다.

(1) 학업성취와 학교유대

학업성취와 학교유대(commitment to learning) 영역은 청소년이 학업에 대한 동기와 흥미를 가지고 학교생활에 적응하여 소속감을 느끼게 될 때 달성된다.

- 학습성취 동기: 학업에서 좋은 성과를 얻고 싶은 기대와 동기
- 학교참여: 학업과 학교활동에 적극적 참여
- 과제수행: 학교과제의 완성
- 학교에 대한 유대: 학교생활에 대한 흥미와 관심

(2) 사회적 유능감

사회적 유능감(social competencies) 영역은 청소년이 자신뿐만 아니라 환경체계와의 관계에서 의사결정을 하고, 다양한 스트레스와 문제들에 적극적으로 대처하며, 갈등을 해결할 수 있는 능력을

개발해야 한다는 것이다.

- 계획과 의사결정
- 대인관계 유능감: 타인에 대해 공감, 민감성, 우정을 표현할 수 있는 기술
- 문화적 유능감: 연령, 계층, 교육, 사회경제적 수준이 다른 사람들의 문화에 대한 이해와 편안함
- 저항기술: 또래들의 부정적인 압력과 위험한 상황에서 적절히 저항
- 갈등해결능력: 비폭력적으로 갈등상황을 해결하는 기술

(3) 자아정체성

자아정체성(positive identity) 영역은 청소년의 자존감, 자기통제, 목적의식, 긍정적인 미래관이 개발되도록 하는 것이다.

- 자기통제력: 자신에게 발생하는 일을 통제할 수 있는 자신감
- 자존감: 자기개념과 존중감
- 목적의식: 삶의 긍정적 목적의식
- 긍정적 미래관: 미래에 대해 낙관적인 태도

(4) 긍정적 가치

긍정적 가치(positive values) 영역은 청소년이 타인에 대한 애정, 성실성, 정직성, 책임감, 자제심을 가질 수 있도록 성장해야 한다는 것을 의미한다.

- 타인에 대한 애정
- 정직성, 책임감, 성실성

- 자제력: 폭력, 음주, 불법약물 사용, 성적 충동의 문제를 인식하고 자제하는 능력

2) 환경체계 영역

환경체계 영역이란 가족지지, 안전성, 성인역할모델, 임파워먼트, 기회제공 등과 같이 청소년의 긍정적 성장을 촉진하는 데 필요한 인적, 물리적, 경제적 상황의 특성을 개발하는 것이다. 따라서 환경체계 영역은 청소년의 외적 강점 영역이라고도 할 수 있다

(1) 신체적 · 심리적 안전성

가정과 친구관계, 학교, 지역사회가 청소년의 신체적 · 정신적 발달에 필요한 안전한 환경과 분위기를 제공해 주는 것을 의미한다.

- 안전하고 편안한 가정, 학교, 이웃의 시설과 분위기
- 또래 간의 안전하고 건강한 상호작용
- 학대, 폭력, 위험으로부터 보호

(2) 적절한 구조

환경체계가 청소년의 연령과 성장에 적합한 규칙과 기대, 감독, 모니터링을 제공해 주는 것을 말한다.

- 분명하고 일관적인 규칙과 기대
- 환경체계의 연속성과 예측가능성
- 분명한 경계 인정, 성인역할모델 제공
- 연령에 적합한 모니터링과 감독

(3) 지지적 관계

청소년이 가족, 친구 및 중요한 타인들과 친밀하고 지지적인 관계를 유지하며 의사소통을 할 수 있는 것을 의미한다.

- 친밀성, 관계성, 따뜻함, 돌봄, 수용
- 긍정적 의사소통
- 지지, 안전한 애착관계, 반응성, 지도

(4) 참여 및 소속의 기회제공

청소년에게 다양한 사회체계에 참여할 기회를 제공하여 소속감과 유대감을 갖게 한다는 것이다.

- 성별, 장애, 성적 지향에 상관없이 사회적 활동에 참여할 수 있는 기회
- 사회문화적 소속감, 주체성, 문화적 자신감

(5) 임파워먼트

청소년의 존재와 가치를 인정해 주고 자율성과 책임감을 가질 수 있도록 능력을 고취시켜 주는 것을 말한다.

- 자율성 지지, 개성과 능력의 인정
- 책임과 의미 있는 도전 부여, 자원으로서 가치 부여
- 향상과 성장에 초점을 둔 활동 제공
- 사회체계에 대해 서비스를 제공할 수 있는 기회 부여

(6) 기술 형성을 위한 기회

청소년이 신체적, 인지적, 사회적 기술을 학습할 수 있는 환경과

기회를 제공해 주는 것이다.

- 신체적, 지적, 사회적, 정서적 기술의 학습기회와 환경 제공
- 교육, 취업기회의 제공, 사회적 · 문화적 자본을 개발할 수 있는 기회 제공

3. 청소년복지 성과측정의 단계

청소년복지 성과는 다음의 5단계를 통해 측정된다. 기관에서는 우선 준비단계를 통해 성과측정을 위한 실무진을 구성하고, 구체적인 추진일정과 각 단계에서 필요한 주요 업무 및 협조사항들을 점검한다.

- 준비단계: 성과측정을 위한 실무진 구성하기
- 1단계: 성과 정의하기
- 2단계: 성과별 지표(indicator)와 성과의 영향요인 결정하기
- 3단계: 지표들의 자료원(data source) 확인하기
- 4단계: 자료수집 방법 설계하기
- 5단계: 자료수집에 대한 모의 테스트 실시하기

1) 1단계: 성과 정의하기

성과측정의 1단계는 성과를 정의하고 설정하는 과정이다. 여기서는 성과정의에 대한 이해를 돕기 위해서 성과의 개념과 단기 · 중기 · 장기성과의 정의, 성과정의와 논리모델의 관련성에 대해 설명한다.

(1) 성과의 개념

성과는 청소년이 서비스 프로그램에 참여하는 도중이나 이후에 경험하는 삶의 변화와 혜택, 성취를 의미한다. 즉, 성과는 실시되는 프로그램이 청소년의 인식과 태도, 행동, 삶의 환경에 어떤 차이를 만들어 냈는가를 보여 주는 것이다. 성과의 초점은 청소년 개인뿐만 아니라 가족, 집단, 지역사회, 청소년 서비스기관 및 조직과 같은 다양한 체계가 될 수 있다. 성과의 초점이 클라이언트 체계가 아니라 서비스를 제공하는 사회복지사의 활동에 맞춰진다면, 〈표 4-1〉에서 보는 바와 같이 성과정의가 아니라 산출중심의 정보제공이 될 수 있다. 그러므로 성과를 정의하기 위해서는 기본적으로 '이 프로그램의 결과로 누구의(who), 삶의 어떤 부분에(in what), 어떤 유형의 변화(type of change)가 발생하는가?'의 질문을 제기하고 답할 수 있어야 한다.

〈표 4-1〉 성과중심과 산출중심의 정의 비교

산출중심 정의	성과중심 정의
멘터링 프로그램을 제공한다.	청소년이 적절한 성인역할모델을 학습한다.
가출청소년 상담서비스를 제공한다.	가출청소년이 정서적 위기상황을 대처한다.
게임중독 예방교육을 실시한다.	청소년이 자신의 게임중독 정도를 확인한다.
자기주장 집단 프로그램을 실시한다.	청소년이 또래들의 압력을 거절할 수 있다.

(2) 논리모델의 활용

성과는 서비스 프로그램의 결과로 나타나기 때문에 성과를 적절

〈표 4-2〉 논리모델 양식

투입	활동	산출	성과		
			단기성과	중기성과	장기성과

하게 정의하기 위해서는 논리모델을 통해 프로그램 구성요소들의 논리적 연결을 이해해야 한다. 논리모델은 〈표 4-2〉와 같이 투입(inputs), 활동(activities), 산출(outputs), 성과(outcomes)의 흐름으로 구성되어 있다. 투입의 구성요소는 프로그램 진행을 위해서 투입되는 인적, 물적, 경제적 자원과 시간이며, 활동은 프로그램 진행과정에서 제공되는 서비스 활동을 의미하고, 산출은 프로그램 활동의 산물이라고 할 수 있다. 〈표 4-3〉은 논리모델 활용의 실례로 청소년 자기주장 프로그램을 간단히 구성한 것이다.

〈표 4-3〉 청소년 자기주장 집단 프로그램

투입	활동	산출	성과
• 프로그램 진행 사회복지사 • 주 1회/ 1시간씩	• 집단레크리에이션 교육 • 역할놀이 • 상황극 • 퀴즈놀이	• 청소년 10명 참여 • 자원봉사자 2명 참여 • 15주/총 60시간 집단 프로그램 제공	• 자기주장의 필요성 인식 • 자기주장 기술 학습 • 또래의 압력에 대한 거부기술 학습

- 투입: 청소년복지 프로그램에 투입된 인력(실무직원 및 자원봉사자), 예산, 시간,물자/장비/시설, 기술
- 활동: 개입 또는 목표달성을 위한 구체적인 청소년복지서비스 활동
- 산출: 프로그램 활동의 산물, 서비스 제공인원 수, 서비스 이용자 수, 서비스 횟수, 서비스 제공시간 등
- 성과: 청소년복지 프로그램을 통해 표적집단에 나타난 변화, 단기/중기/장기성과

(3) 단기 · 중기 · 장기성과의 정의

성과의 내용은 단기 · 중기 · 장기성과로 정의될 수 있다. 단기성과는 프로그램 실시로 인해 즉각적으로 생성되는 학습의 결과로서 청소년의 인식, 지식, 태도, 신념, 의도의 변화를 나타낸다. 중기성과는 프로그램을 통해 습득한 지식과 태도로 인해 청소년의 행동에 나타난 변화를 의미한다. 장기성과는 프로그램의 궁극적인 성과로서 클라이언트와 주변체계의 사회적, 경제적, 환경적 상황과 지위의 변화를 나타낸다. 〈표 4-4〉는 청소년대상 인터넷중독 개입 프로그램의 성과를 단기 · 중기 · 장기성과로 정의한 내용이다.

〈표 4-4〉 단기 · 중기 · 장기성과의 정의: 인터넷중독 개입 프로그램

단기성과	• 청소년이 자신의 인터넷중독 정도를 확인한다. • 청소년이 인터넷중독이 자신과 가족에게 미치는 피해를 인식한다.
중기성과	• 청소년의 인터넷 사용시간이 감소한다. • 청소년이 기상시간과 취침시간을 규칙적으로 지키게 된다. • 청소년이 주말에 친구들과 어울리는 시간이 증가한다.
장기성과	• 청소년과 부모님과의 관계가 개선된다. • 또래들과 어울리는 활동에 흥미를 갖게 된다. • 학업에 대한 관심이 증가한다.

단기 · 중기 · 장기성과를 설정하는 것은 제공하는 프로그램의 유형에 따라 간혹 어려운 작업이 될 수 있다. 성과를 쉽게 정의하기 위해서는 프로그램 실시 후 시간경과에 따라 나타나는 클라이언트의 변화를 연결과정(outcome chain)으로 나열해 보는 것이 유용하다. 성과연결 과정은 클라이언트의 반응 → 학습 → 행동 → 결과 → 목적달성으로 진행되며, 구체적인 예는 〈표 4-5〉와 같다. 성과연결 과정에서 반응은 일차적인 만족도 수준이므로 성과로 정

〈표 4-5〉 성과연결 과정

반응	피드백	• 청소년은 서비스가 유익하다고 반응했는가? • 청소년은 서비스에 만족했는가?
학습	지식/태도의 변화	• 청소년은 어떤 지식을 습득했는가? • 청소년의 인식에는 어떤 변화가 있었는가?
행동	행동/기술의 변화	• 청소년의 인식과 태도변화는 행동에 어떤 변화를 가져왔는가? • 청소년은 행동변화를 지속적으로 유지했는가?
결과	조건/상황의 변화	• 청소년의 행동변화는 삶의 상황(지위)에 어떤 변화를 가져왔는가? • 청소년의 가족 및 환경체계에는 어떤 영향을 주었는가?
목적달성	프로그램의 궁극적 목적달성	• 다수 청소년들의 조건/상황의 변화와 환경체계에 대한 효과가 지역사회에는 어떤 혜택을 주었는가?

의되기가 어렵지만 학습과 행동은 각각 단기와 중기성과로 정의될 수 있다. 그리고 결과와 목적달성은 장기성과로 설정될 수 있을 것이다.

(4) 청소년복지성과에 대한 아이디어 모으기

청소년복지성과에 대한 아이디어를 얻기 위해서는 기관 내외 서비스 관련 이해당사자들의 다양한 의견들과 기관의 기록이나 문서를 참조한다.

- 프로그램을 제공하는 기관의 직원 또는 자원봉사자
- 기관의 위원회 활용: 지역사회 입장에서 바라는 성과를 제시
- 현재나 과거 프로그램 참여 청소년 및 가족: 면접, 서베이, 포커스그룹

- 유사한 프로그램을 제공하는 타 기관
- 외부전문가 및 자금지원기관
- 기관문서 및 프로그램 자료 검토: 연차보고서, 기관의 서비스 목적 및 미션, 프로그램 지원신청서에 적힌 목적, 유사한 프로그램 관련 문헌검토 등

성과의 개념과 유형 및 성과연결 과정에 대한 이해가 되었다면, 직접 성과정의를 연습해 보고 다음의 체크리스트를 활용하여 성과내용의 적절성을 점검해 볼 수 있다.

성과 체크리스트 ▼

* 성과는 실제적이고 성취가능한가?
* 성과는 '변화'를 반영하고 있는가?
* 성과는 클라이언트 만족도 이상의 범위로 기술되어 있는가?
* 단기, 중기, 장기성과는 논리적으로 서로 연결되는가?
* 성과에 지나친 비약은 없는가? 프로그램을 통해 가능한가?
* 성과는 산출중심의 범위를 넘어선 것인가?
* 프로그램 실시의 다양한 이해관계자들이 성과내용에 동의하는가?
* 성과에 영향을 줄 수 있는 요소들을 통제할 수 있는가?

2) 2단계: 성과별 지표와 성과의 영향요인 결정하기

성과측정의 2단계에서는 앞서 정의한 성과들을 실제적으로 측정할 수 있는 지표(indicator)를 선택하고 개발해야 한다. 또한 측정하고자 하는 성과지표에 영향을 줄 수 있는 외부적 요인(factor)

을 확인하는 것이 필요하다.

(1) 성과지표

성과지표는 성과달성 여부를 보여 주는 구체적인 정보다. 성과지표는 클라이언트의 변화 정도를 확인할 수 있는 증거로서 기대하는 성과와 실제적인 자료수집 과정을 연결해 주는 역할을 한다. 〈표 4-6〉은 인터넷중독 개입 프로그램의 성과를 판단하는 데 도움을 주는 지표의 예를 제시한 것이다.

〈표 4-6〉 성과지표의 예: 인터넷중독 개입 프로그램

성과	성과지표
청소년이 규칙적인 생활패턴을 갖게 된다.	• 프로그램 실시 후 2개월간 청소년의 규칙적인 취침시간의 증가량 • 프로그램 실시 후 2개월간 청소년의 학교지각일의 변화량
청소년의 인터넷 사용시간이 감소한다.	• 프로그램 실시 전후 2개월간 청소년의 하루 평균 인터넷 사용시간의 감소량 • 프로그램 실시 전후 2개월간 Young 인터넷중독 척도 점수의 차이 • 프로그램을 시작하려는 학생과 프로그램을 끝마친 학생의 1주 평균 인터넷 사용시간 비교
청소년과 부모님과의 관계가 개선된다.	• 프로그램 실시 전후 부모-자녀관계척도 점수의 유의미한 차이 정도 • 프로그램 실시 후 지난 2개월간 부모님과의 1주 평균 대화시간의 변화량
청소년의 학업에 대한 관심이 증가한다.	• 프로그램 실시 후 2개월간 숙제를 완성한 1주 평균 빈도 • 프로그램 실시 후 2개월간 방과 후 개인 공부시간의 변화량 • 프로그램 실시 후 학교 자습시간을 이탈하지 않고 교실에 남아 있었던 일수의 변화량

성과지표로는 측정가능하거나 관찰가능한 양적 · 질적 정보가 모두 가능하며, 일반적으로 빈도나 비율(%), 점수로 수량화하는 경우가 많다. 하나의 성과에 대해서 1~3개의 지표가 사용되는 것이 적절하며, 복수지표를 사용할 경우에는 상호배타성이 고려되어야 한다. 한편, 일부 사회복지사들은 클라이언트의 서비스 만족도를 프로그램 성과 혹은 효과로 측정하는 경우가 있는데, 앞에서도 언급했듯이 서비스 만족도는 개입으로 인한 변화 여부를 보여 주는 정보가 아니므로 성과지표로 활용되기 어렵다.

정의한 성과내용을 측정하기 위한 지표들을 선택했다면 다음의 체크리스트를 활용하여 성과지표의 적절성을 점검할 수 있다.

성과 체크리스트 ▼

* 측정하고자 하는 성과를 정의하고 있는가?
* 구체적으로 기술되어 있는가?
* 측정가능한가? 관찰가능한가?
* 자료수집이 가능한가?
* 1개 이상의 지표가 가능한가?
* 복수의 지표들은 상호배타적인가?

(2) 성과의 영향요인

실질적으로 프로그램의 성과에 영향을 주는 내적 · 외적 환경 결정요인들을 통제하는 것은 어렵다. 성과의 영향요인은 프로그램의 유형에 따라 다양하게 고려될 수 있다. 영향요인은 성과의 성공 혹은 실패가 구체적으로 청소년과 환경체계의 어떠한 특성에 의해 발생되는가를 설명해 주기 때문에 프로그램의 성과를 해석할 때나 이후 유사한 프로그램을 개발할 경우 반드시 검토해야 할 정보다.

청소년복지 프로그램 성과에 관련된 영향요인으로는 서비스 대상 청소년과 가족환경의 특성과 제공되는 서비스 프로그램 활동 등이 포함되는데, 각 영향요인의 내용을 정리하면 다음과 같다.

① 서비스 대상 청소년의 특성

청소년의 연령, 성별, 인지수준, 문제의 심각성, 동기수준, 기대 정도, 건강상태, 과거 프로그램 참여 여부, 학교생활 적응 정도 등

② 가족환경의 특성

가족구조, 부모의 성격, 부모의 양육스타일, 부모의 인지수준, 가족의 지지, 가정의 경제수준, 가족기능의 적절성, 주거환경, 거주지역 등

③ 제공되는 서비스 프로그램의 특성

제공되는 서비스의 종류, 서비스 제공기간 및 빈도, 의뢰 형태, 서비스 제공기관의 유형 등

④ 서비스 제공자의 특성

성별, 연령, 직업경력, 전문적 능력 등

3) 3단계: 성과지표의 자료원 확인하기

성과지표를 개발한 후 성과측정의 3단계에서는 성과지표의 정보들을 누구로부터 어떤 형태로 획득할 것인가를 결정해야 한다. 성과지표의 자료원은 일반적으로 기록과 사람으로 구별된다.

(1) 기록

- 프로그램 일지, 관찰기록지, 청소년행동 체크리스트

- 클라이언트 로그, 학교의 수행 및 출석기록, 타 서비스기관의 기록
- 시각적 자료: 사진, 동영상, 비디오테이프

(2) 사람

- 서비스 대상자: 청소년 및 부모
- 서비스 제공자: 사회복지사
- 주요 정보제공자: 가족, 교사, 친구, 자원봉사자, 이웃, 외부전문가

4) 4단계: 자료수집 방법 설계하기

성과지표의 정보를 얻을 수 있는 자료원이 확인되면, 성과측정의 4단계에서는 자료원으로부터 자료를 수집하는 방법과 측정도구, 자료수집 시기를 구체적으로 계획한다. 자료수집 방법은 크게 양적 방법과 질적 방법으로 분류되며, 기능수준 척도와 표준화된 측정도구가 많이 활용된다. 자료수집 방법을 설계할 때 점검해야 할 내용은 다음과 같다.

자료수집 방법 체크리스트 ▼

* 자료원(특히 청소년)이 자료수집 방법에 반응할 능력이 충분한가?
* 자료수집 과정이 청소년(부모 및 가족)에게 부정적인 영향을 주지 않는가?
* 비용, 인력, 시간 면에서 실행가능성이 있는가?
* 2가지 이상의 자료수집 방법이 가능한가?
* 신뢰할 수 있는 정보를 얻을 수 있는가?

(1) 양적 · 질적 방법

① 양적 방법

- 표준화된 척도, 설문지, 기능수준 척도, 시험, 각종 기록 등을 활용하여 수량화된 자료들을 수집하는 방법
- 장점: 성과를 수량으로 표현할 수 있기 때문에 시간이나 비용 면에서 경제적이고 결과 제시에 편리

② 질적 방법

- 심층면접과 행동관찰, 클라이언트 로그, 사례연구, 포커스집단, 역할극, 영상자료 등을 통해서 클라이언트의 변화상황을 보여 주는 대화, 사진, 상징, 장면 등의 자료를 수집하는 방법
- 장점: 클라이언트의 변화가 진행되는 상황의 특성과 상호관계, 영향요인에 대한 자료를 제공해 주기 때문에 성과에 대한 평가뿐만 아니라 이후 서비스 전달체계와 프로그램 개선에 유용한 정보를 제공
- 심층면접과 행동관찰을 통해 수집한 질적 자료는 양적 자료로 전환하여 사용가능

(2) 기능수준 척도의 개발

기능수준 척도는 청소년의 사회적, 인지적, 정서적 행동에 관한 개별적인 기능수준을 측정하기 위한 도구다. 〈표 4-7〉은 청소년의 분노표현 기술에 관련된 기능수준 척도의 예를 보여 준다. 기능수

〈표 4-7〉 기능수준 척도

성과 영역	기능수준
청소년의 분노표현 기술	1점: 사회적으로 용납될 수 없는 분노표현 ↓ 5점: 연령에 적합하고 바람직한 분노표현 기술 사용

준 척도는 청소년의 연령이나 문제수준에 따라 자가척도 혹은 등급척도의 형태로 사용된다. 자가척도는 프로그램 제공자와 청소년이 함께 변화 여부를 측정하기 위해 척도를 구성하고 점수를 매기는 형태이며, 등급척도는 부모나 교사 혹은 자원봉사자들이 청소년의 변화 상태를 체크하는 양식이다.

(3) 표준화된 측정도구의 활용

표준화된 측정도구를 활용할 때는 우선적으로 신뢰도, 타당도, 표본의 특성, 실용성을 확인해야 하며, 특히 청소년의 연령과 인지수준을 고려하여 응답항목의 구조와 설문문항의 내용타당도를 면밀하게 점검해야 한다. 특히 사회복지사들은 표준화된 척도를 사용하기 전 정확하게 척도를 실행하고 점수화할 수 있는가에 대해 확인해야 한다.

표준화된 척도는 논문의 참고문헌, 척도집, 전문가의 자문, 대학도서관, 공동모금회 자료실, 인터넷 서치 등을 통해서 찾을 수 있으며, 청소년에 관련된 표준화된 척도는 아래의 척도집에서 쉽게 구할 수 있다. 또한 측정도구를 선택할 때는 다음의 체크리스트를 참조하면서 점검하는 것이 유용할 것이다.

- 고려대학교 부설 행동과학연구소 편(2001). 심리척도 핸드북 I. II. 학지사.
- 서울구립 반포종합사회복지관 편(2007). 사회복지척도집(2판). 나눔의 집.
- 이소희 외(2005). 아동발달척도 핸드북. 대왕사.

* Corcoran, K., & Fischer, J. (2000). *Measures for Clinical Practice: A source book, Volume 1. Couples, Families, and Children*. New York: Free Press.

측정도구 활용을 위한 체크리스트

- 이 척도는 프로그램이 알고자 하는 것을 측정한다.
- 이 척도는 변화에 민감하게 구성되어 있다.
- 이 척도는 평가될 청소년과 가족의 문화적 특성에 적절하다.
- 이 척도의 신뢰도와 타당도는 충분히 높다.
- 이 척도를 통해 사용할 수 있는 자료원이 충분하다.
- 이 척도는 개발자의 지침만 따르면 실행하기가 용이하다.
- 이 척도를 실행하는 실무자는 정확하게 도구를 실행하고 점수화하는 데 필요한 교육을 받았다(받을 것이다).

(4) 자료수집 시기의 결정

자료원과 구체적인 자료수집 방법이 결정되면, 자료수집 시기를 결정해야 한다. 자료수집 시기의 결정은 프로그램이 제공되는 동안 변화를 측정하는 주기적인 간격과 변화의 지속기간 설정문제, 프로그램 종결 이후 중기나 장기성과의 측정시기 문제와 관련된다. 〈표 4-8〉은 자료수집시기를 계획한 예다. 프로그램의 종류와 성과내용, 서비스 대상 청소년의 특성에 따라 중장기성과의 측정 시기는 상이하게 설정될 수 있지만, 대개 프로그램 종결 후 6~12개월 사이 혹은 2년 정도 기간에 추적조사를 통해 장기성과를 측정하는 것이 일반적이다.

〈표 4-8〉 자료수집 시기 계획

성과	성과지표	자료수집 시기
청소년이 규칙적인 생활패턴을 갖게 된다.	프로그램 참석 이후 2개월간 청소년의 규칙적인 취침시간의 변화량	매일/2개월 동안
	프로그램 참석 전후 2개월간 청소년의 학교지각일의 변화량	1주/2개월 동안

(5) 5단계: 자료수집에 대한 모의 테스트 실시하기

성과측정 각 단계에 대한 이해가 충분히 되었다면 청소년복지 성과를 측정하기 위한 자료수집 방법을 실제적으로 연습해 보는 것이 좋다. 이러한 과정을 통해서 청소년과 가족, 동료사회복지사 혹은 관련 기록으로부터 자료를 수집할 때 발생할 수 있는 오류들을 확인할 수 있고, 또한 다양한 자료수집 방법(설문조사, 관찰, 심층면접 등)의 적절성을 비교해 볼 수 있다.

4. 청소년복지 성과측정의 예시

제시된 예시를 참조하면서 참여한 경험이 있는 청소년복지 프로그램을 활용하여 다음의 빈칸을 완성해 보자.

성과	지표	자료원	자료수집 방법	자료수집시기
무엇을 원하는가?	어떻게 알 것인가?	누가 정보를 가지고 있는가?	어떻게 얻을 수 있는가?	정보는 언제 수집하는가?
청소년의 컴퓨터 게임시간이 감소한다.	프로그램 실시 이후 2개월간 청소년의 하루 평균 게임시간의 변화량	청소년	게임시간 기록지	매일
청소년과 부모님과의 관계가 개선된다.	프로그램 실시 이후 2개월간 부모님과의 1주 평균 대화시간	청소년	대화시간 기록지	1주

영향 요인	자료원	자료수집 방법	자료수집 시기
무엇이 성과에 영향을 미치는가?	누가 정보를 가지고 있는가?	어떻게 얻을 수 있는가?	정보는 언제 수집하는가?
부모의 모니터링	부모, 청소년	인터뷰, 척도사용	프로그램 실시 후
부모님의 음주	청소년	인터뷰	1주

참고문헌

김성이, 조학래, 노충래(2004). 청소년복지학. 서울: 집문당.

Anderson, K., Lippman, L., & Brown, B. (2004). Indicators of child well-being: The promise for positive youth development. *The Annals of the American Academy, 591*, 125-145.

Hamilton, S. F., Hamilton, M. A., & Pittman, K. (2004). Principle for youth development. In Hamilton, S. F. & Hamilton, M. A. (eds.), *The Youth Development Handbook*. Thousand Oaks, CA: Sage Publications.

Hair, E. C., Moore, K. A., Hunter, D., & Kaye, J. W. (2002). *Youth Development Outcome Compendium*. Edna Mcconnell Clark Foundation.

Trocom, N. (2003). The importance of process in developing outcome measurers: Keynote address. *National outcome symposium*. Centre of Excellence for Child Welfare.

United Way of America (1999). *Archiving and measuring community outcomes: Challenges, Issues, Some approaches*. United Way of America.

Serach Institute. www.serach-institute.org

제5장

노인복지 분야의 성과측정

이 장에서는 최근 고령화 사회를 맞이하여 증가하는 노인층에 대한 노인복지서비스와 관련된 성과측정 개념, 성과측정 영역과 성과측정 방법을 다루고자 한다. 우선 노인복지 분야의 성과측정이 강조되는 복지환경의 변화와 성과측정의 필요성에 대해 간략히 살펴보고, 다음으로 노인복지 분야 성과측정의 영역들에 대해 알아본다. 마지막으로 성과측정을 단계별로 점검해 보고, 과제를 수행해 보기로 한다.

1. 노인복지 성과측정의 이슈와 특성

증가하는 노인층에 대한 비용효율적인 정책과 프로그램의 개발에 대한 사회적 요구는 점점 강조되고 있다. 2018년이면 고령비가 14% 이상이 될 우리나라에서도 이러한 성과중심 정책 및 서비스 개발에 대한 관심이 정책개발자와 서비스 제공자에게 절실히 요구되고 있다.

노인복지는 최근 보건, 의료, 장기요양서비스와 연계되어 서비스가 전달되는 경우가 많다. 따라서 성과물 역시 이러한 서비스들의 성과에 초점을 두어야 한다. 특히 보건의료 및 사회복지의 욕구를 가진 허약한 노인에게 제공되는 서비스의 경우 프로그램의 개입과 상관없이 노인의 상태가 나빠지는 경우가 많아, 서비스 제공자나 정책연구가들은 개입의 효과성을 나타내는 적절한 성과지표를 연구하는 데 특별히 관심을 가져야 한다.

우선 국내외적으로 성과중심 정책에 대한 강조가 어떤 배경에서 일어났는지 구체적으로 살펴보면 다음과 같다.

1) 국내외 노인복지 환경변화와 성과측정에 대한 강조

복지서비스의 성과측정을 강조하는 환경변화는 서구의 경우 1980년대 후반부터 강조되어 왔다. 미국의 경우 1970년대 후반부터 1960년대부터 막대하게 투입된 사회복지 분야의 공공자금 사용에 대한 투명성과 효율성에 대한 문제제기가 확산되자, 정부의 비용효율적 사회복지서비스의 요구가 증가되었다.

이후 1980년대의 신자유주의 이념과 경쟁중심의 자원배분정책은 사회복지서비스 관련 조직들에게 평가지표 개발의 중요성을 강조하게 되었고, 레이건 정부는 민영화를 중심으로 사회복지 분야의 서비스 제공자들의 경쟁을 강화하기 시작하였다. 1990년대 이후 지금까지 지속적으로 공적 부문의 재정지원과 민간부문의 서비스 제공이라는 이원화된 구조가 사회복지서비스 전달체계에 자리잡히게 된다.

사회복지서비스 확산의 역사가 상대적으로 짧은 우리나라의 경우 성과중심의 서비스 개발에 대한 개념은 1990년대 후반부터 학자 및 공공정책 담당자들에게 인식되었다. 특히 1998년에 개정된 [사회복지사업법(43조)] 등에 의하면, 중앙 및 지방자치단체장의 사회복지시설에 대한 평가가 의무화되어(3년) 사회복지 분야의 서비스 제공자들이 평가지표에 대해 인식하게 되었다(김통원 외, 2005). 2003년 동법의 개정은 지방자치단체로 많은 사업을 이양하고, 정부의 예산지원에 따른 지방자치단체별 목표설정과 평가를 계획에 맞게 객관적이고 투명하게 실시하게 하였고, '지역사회 복지계획'의 구성에도 중요한 요소로 나타났다.

2) 노인복지제도의 변화와 성과측정

최근 우리나라의 노인복지 분야에는 여러 가지 큰 변화가 일어나고 있다. 특히 노인장기요양보험제도, 본인부담차등지원제, Voucher 제도 등의 도입 등은 서비스 대상이 점차 기존의 저소득층에서 중산층으로 확대되는 것을 의미한다. 이러한 변화들은 성과측정과 관련하여 구체적으로 다음과 같은 변화를 보여 준다.

첫째, 제공자 입장에서는 재정지원자와 클라이언트의 입장을 동시에 고려하고 이것이 성과로 나타나야 한다는 점을 인식해야 한다.

둘째, 소비자 입장에서는 재가복지서비스의 선택의 폭이 증가하여 소비자로서의 질에 대한 평가가 이용자 차원에서 많이 발생하고 있다.

셋째, 소비자주권주의에 대한 아래의 제공자 입장의 딜레마를 해결하기 위한 성과지표의 개발과 이해가 필요해지고 있다.

〈사례: 노인장기요양보험제도 실시 관련 서비스 제공자의 주요 딜레마의 예〉

- 노인장기요양보험제도에서는 대상자의 등급에 따른 수가를 차등지원하게 된다.
- 서비스 질과의 수가의 상관성은 높다. 그러나 질 좋은 서비스를 제공하여 대상자의 상태가 양호해진다면?
- 목표의 변화
  질 좋은 서비스 → 등급 하향(상태 호전) → 제공자에게 불이익?
- 제공자는 대상자의 등급 하향에 따른 수가 감소의 불이익을 받는 것이 되어 '성과'를 달성할 특별한 동기부여가 없어진다.

3) 노인복지서비스 성과측정과 관련된 난제들

노인복지서비스도 다른 휴먼서비스와 마찬가지로 측정상의 어려움들이 있다. 중요한 것은 한두 가지 지표의 개발로 모든 난제들을 다 해결하려는 생각보다 프로그램 개입과 성과측정에 있어 난제들에 대해 어느 정도 숙지하는 접근 자체다. 이 책에서는 이러한 어려움들을 개념 자체에 대한 혼재, 지표의 유형에 따른 개념혼재, 대상자의 특수성에 따른 측정상의 딜레마 세 가지로 살펴본다.

(1) 성과에 대한 개념혼재

제1장에서도 논의되었듯이, 성과라는 개념은 산출물, 효과 및 결과, 성과, 영향(impact), 수행성과(performance) 등의 유사개념이 혼재하고 실제 재정지원자나 서비스 제공자 간에도 개념이 혼재되어 사용되고 있다. 이러한 개념의 혼재로 서비스 개입 이후 재정지원자, 서비스 제공자, 이용자 간의 갈등의 소지가 되고 동시에 프로포절 제안에 있어서 재정후원자와 서비스 제공자, 대상자 간의

의사소통 문제가 발생하고 있다 .

(2) 성과지표의 유형에 따른 개념혼재

지표의 유형은 구조지표, 과정지표, 성과지표 등으로 구분해 볼 수 있는데, 이 중 성과지표가 다른 두 유형의 지표와 혼용되어 이해되면서 성과측정에 어려움이 발생하게 된다.

① 구조지표: 프로그램의 배경이 되는 조직 및 직원의 특성과 관련된 지표

- 시설의 적합성과 적합성
- 프로그램의 다양성과 체계성
- 시설장의 성향과 인력의 자질

② 과정지표: 프로그램 활동 과정에 나타난 지표

- 클라이언트의 문제해결을 위해 제공된 서비스 종류나 양(관리사례 수, 의뢰건수, 면접시간, 교육시간 등)
- 클라이언트의 문제나 욕구와 서비스의 관련 정도

③ 성과지표: 활동의 최종결과물로 나타난 성과를 측정할 수 있

〈사례: 치매주간보호서비스의 예〉

– 치매주간보호의 가족수발 부담감 감소(초기 성과)

→ 수발자의 건강이나 삶의 만족도 증가, 사회적 활동 증가(중기 성과)

→ 수발활동에 대한 질 향상(장기 성과)

이러한 단계적 성과를 실증적으로 입증할 수 있는가? 투입대비 성과를 파악할 수 있는가? 기관이나 대상자의 상태에 따른 변인이 프로그램의 효과보다 더 크게 작용하지 않는가?

성과측정에 대한 고민은 위의 질문들에 대한 답을 찾아보려는 것이다.

도록 고안된 지표

- 사회복지서비스의 특성상 성과를 측정하기가 쉽지 않다.
- 이러한 이유로 산출(output)이 선호되는 경향이 많다.

(3) 노인복지 성과측정 시의 딜레마

노인을 대상으로 성과를 측정하는 경우 측정 시 다음과 같은 두 가지 문제점이 생긴다. 첫째, 활동상의 제약을 가진 노인의 경우 다수가 프로그램의 내용과 상관없이 상태가 나빠진다는 점이다. 둘째, 인지기능장애를 가진 대상자의 경우 답변에 대한 신뢰성에 대한 문제가 생긴다.[1]

전자의 문제점에 대응하기 위해서는 서비스 개입에 있어 개인 상태의 부적 변화를 고려한 '현상유지'라는 목표설정이 필요하다. 또 대상자 기능 및 상태 군별에 따른 목표의 세부화가 필요하다.

후자의 문제점을 극복하기 위해서는 인지기능의 장애가 있는 대상자의 경우 주수발자로부터 정확한 상태를 파악한다. 다만 아래 두 가지 질문에 대해 명확히 점검해 본다.

- 가족의 답변에 대한 충분한 신뢰가 있는가?
- 공식적인 서비스 제공자의 답변과 모니터링이 필요한가?

2. 노인복지 성과측정의 영역

노인복지 분야의 성과측정 영역은 상당히 다양하다. 특히 최근 노인복지서비스들은 보건욕구와 연계해 성과를 고려하므로 신체

1) 인지장애 노인의 구체적인 조사방법은 제3절에서 상세히 다룬다.

및 정신사회적 건강과 주관적 삶의 질까지 다양한 영역이 포함될 수 있다.

개인적 차원에서 서비스 성과측정의 기본 개념은 개입 전후를 비교하여 나온 최종성과물(outcome)의 변화를 의미한다. 따라서 성과측정의 영역 역시 개인의 보건 및 복지욕구가 얼마나 달성되었는지, 상태의 변화가 어느 정도 있었는지를 살펴보는 것이라 하겠다.

1) 노인보건 및 복지서비스의 성과로 사용되는 지표의 예

대략적인 성과측정 영역으로는 노인대상자의 경우 ADL (activities of daily living: 일상생활동작)의 수행능력을 보는 신체기능상태, 인지기능상태, 정서적 상태, 정신건강 영역, 사회적 업무수행능력(social functioning) 및 삶의 질 등이 주요 영역이 될 수 있다. 가족이나 수발자를 조사하는 경우는 가족의 수발부담 및 서비스 만족도 역시 주요 영역이 될 수 있다.

〈표 5-1〉은 노인의 보건(의료 포함) 및 복지서비스의 성과측정을 위해 많이 사용하는 객관적인 성과들을 정리해놓은 것이다.

위의 정보들은 전반적인 정책들의 효과를 보기 위해 파악될 수도 있고 한두 서비스의 궁극적인 성과를 파악하기 위해 조사되기도 한다. 노인복지서비스와 관련해서 이 책에서는 성과측정의 다양한 영역을 종합적으로 볼 수 있는 삶의 질 영역을 보다 구체적으로 살펴보겠다.

〈표 5-1〉 노인복지성과로 많이 사용되는 정보들의 예

성과로 사용되는 정보의 유형	정보원(source)
사망률	• 사망통계(증명서)
질병이환률	• 건강진단 기록 및 자가보고
서비스 이용	• 입원 및 시설입소 기간 • 재입원 또는 재입소율 • 외래방문 • 요양시설 입소 자체
신체기능상태	• 척도에 의한 측정
삶의 질	• 척도에 의한 측정
대상자/가족의 만족도	• 만족도조사에 의한 측정
비용	• 전체 입원비용 • 전체 외래진료 비용 • 요양시설 입소 비용 • 전체 건강관련 지출

* 출처: Kane & Kane, 2000.

2) 노인의 삶의 질 관련 영역

위의 영역들에 대한 적용은 서비스 목표 설정 측면에서도 중요하지만 성과를 측정할 때도 살펴봐야 하는 영역들이다. 영역에 따라 세부적인 척도가 필요한 경우도 있고, 관찰이나 간단한 인터뷰를 통해서 가능한 경우도 있다.

위에 언급한 삶의 질에 대한 측정이 너무 주관적 지표에 의존하는 경향이 있어, 1990년대 이후부터는 건강관련 삶의 질(Health-Related Quality of Life: HRQOL) 개념이 노인보건 및 복지서비스의 성과측정으로 사용되어 오고 있다(Bowling, 1999).

HRQOL의 객관적 측정 영역은 인간의 전반적인 기능상태(functional status)에 대해 다루고 있다. 이 기능상태는 크게 세 가

지 유형을 포함하고 있다(Wasserman et al., 2005). 첫째, 신체적 건강기능들(physiological functions)로서 이것들은 혈압, 혈당치, 소화력 또는 심폐력과 같은 기능들이다. 두 번째는 ADL(Activities of Daily Livings)을 수행할 수 있는 신체적 기능(식사하기, 목욕하기, 옷입기, 화장실 사용하기 등)이나 인지적 사고와 관련된 기능이다. 오늘날 장기요양(long-term care)의 욕구를 측정하는 데 사용된다. 세

〈표 5-2〉 삶의 질 관련 영역과 실천에의 적용

삶의 질 영역	요양시설이나 이용시설에서의 적용
자율성(autonomy)	서비스에 대한 주도권과 선택의 폭을 넓힘
개별성 (individuality)	대상자가 자신의 선호를 분명히 하고 관심사나 활동이 서비스 개입 이전과 동일하게 가져갈 수 있도록 함
존엄(dignity)	인격체로 대우받으며 서비스를 받을 수 있도록 함
사적 자유(privacy)	개인적 공간이나 시간의 확보가 보장될 수 있어야 함
즐거움 (enjoyment)	서비스를 통해 대상자의 자발적 참여가 일어날 수 있는 즐거움이 동반되어야 함
의미 있는 활동 (meaningful activity)	즐거움과 동시에 제공받는 서비스를 통해 보내는 시간들이 대상자의 관심과 더불어 진행될 수 있도록 함
관계 (relationships)	프로그램에 참여하는 다른 대상자들과 좋은 관계를 유지하여 개입 이전의 사회성이 지속적으로 유지될 수 있게 함
안정감 (security/safety)	서비스 이용에 있어 심리적 안정감을 지속적으로 유지할 수 있도록 함
안락감(comfort)	서비스 이용에 있어 편안함을 가질 수 있도록 해 나감
영적 웰빙 (sprtitual welbeing)	대상자의 종교 및 신앙체계를 지속적으로 유지해 갈 수 있도록 보장함
생활기능적 자신감 (functional competence)	가능한 한 독립적으로 자신의 일상생활 및 환경적응을 해 나갈 수 있도록 자극하고 격려하도록 함

번째로는 사회적 역할 수행능력을 포함한다. 예를 들어, 학업능력, 직장업무수행력, 가사수행력 등을 말한다.

3. 노인복지 성과측정의 단계

노인복지 분야에서도 다음과 같은 단계로 성과측정을 연습해 본다.

* 성과지표 개발 과정
* 1단계: 성과 정의하기
* 2단계: 성과별 지표(indicator)와 성과의 영향요인 결정하기
* 3단계: 지표들의 자료원(data sources) 확인하기
* 4단계: 자료수집 방법 설계하기
* 5단계: 자료수집에 대한 모의 테스트 실시하기

1) 1단계: 성과 정의하기

(1) 성과의 수준

① 논리모델에 입각한 양식

〈표 5-3〉 논리모델에 입각한 양식

투입	활동	산출	성과		
			단기	중기	장기

* 투입, 활동, 산출에 대한 설명은 제2장을 참조.

〈표 5-3〉을 채우기 위해 다음과 같은 접근을 살펴본다.

② **단기/중기/장기성과**(또는 즉시성과/중간성과/최종성과)

- 단기성과: 프로그램 산출(output)에 의해 가장 밀접하게 영향을 받는 성과로서, 주로 프로그램 참여를 통한 지식, 태도, 기술의 변화에 해당된다.
- 중기성과: 프로그램을 통하여 나타난 지식, 태도, 기술의 변화에 의해서 나타나게 된 행동의 변화를 의미한다.
- 장기성과: 궁극적인 성과로 프로그램 참여자 혹은 참여주체들의 조건이나 상황에 대한 의미 있는 영향(impact)을 보여 주는가가 관건이다.

(2) 대상자중심 단기, 중기, 장기성과

〈표 5-4〉 노인복지서비스 성과의 예

구분	단기	중기	장기
노인정신 건강	우울증세 및 불안증세의 감소	동료노인들과의 접촉 30% 증가	삶에 대한 자신
치매노인 수발가족	수발부담의 감소	주수발자의 사회활동 회복	치매노인과의 관계 회복
일자리 창출	일자리창출교육 참여	일자리 고용	지속적 고용으로 인한 소득 창출
단기재활	중풍 등으로 인해 급격히 감퇴한 기능 회복	어느 정도 회복된 기능 유지	회복된 기능에 적응하며 가능한 한 독립생활 지속

〈표 5-5〉는 노인복지서비스 중 일부 서비스의 예를 통해 단기, 중기, 장기성과들을 찾아 정리해 본 것이다. 한 가지의 서비스는 실제로 위에 열거된 것 이외의 여러 가지 성과를 가질 수 있다. 그리고 현장에서는 단기성과에 치중하는 경우가 많으나, 서비스 제

공자는 제도의 궁극적인 목표라고 할 수 있는 장기성과 달성을 위해 서비스가 진행될 수 있도록 해야 한다.

(3) 서비스 제공자중심 단기, 중기, 장기성과-조직 차원의 성과

제1장에서 언급되었듯이, 조직의 성과는 수행성과(performance)로 개개인의 성과(outcome)와는 다른 차원에서 논의가 되었다. 그러나 양자가 실제로 어떤 관련이 있는가를 예들을 비교해 보면 알 수 있다. 중요한 것은 제공자중심의 수행성과가 대상자중심 성과로 자연스럽게 이어질 수 있는 프로그램 제공과 정책환경이 이루어져야 한다는 점이다.

〈표 5-5〉 서비스 제공자(조직) 차원의 성과

구분	단기	중기	장기
주간보호센터	대상자 인원 충족	대상자의 긍정적 참여	효율적인 비용투입과 대상자의 만족도 증가
고용지원사업	지속적인 교육 및 지원인원 확보	고용기회 증가	일정한 자원투입과 지속적 고용
요양시설	입소인원 충족	입소자에 대한 케어의 질 제고	입소자 삶의 질 증가 가족의 만족도 증가

2) 2단계: 성과별 지표 설정하기

2단계에서 살펴볼 내용은 구체적인 지표를 설정하는 작업이다. 휴먼서비스의 성과는 한 가지의 지표에 의해 결정하기 어려운 측면이 있으므로 개입된 서비스의 유형이나 수준에 따라 아래와 같은 내용을 고려해 볼 수 있다.

- 대상별 접근이 필요함

- 성과중심 설계가 필요함
- 목표달성 정도에 의한 성과지표 개발 - 케어플랜의 경우
- 과업성취 정도에 의한 지표
- 서비스만족도

(1) 성과지표 설정

성과지표란 성과를 측정가능하도록 하는 증거 혹은 측정도구다. 따라서 다음의 두 가지 사항을 유념하여 설정할 필요가 있다.

- 현저한 감소, 지속적 향상, 장기적 발전 등의 표현은 지양해야 한다.
- 특정수치 달성 횟수나 비율, 변화를 나타내는 객관적 양적 수치가 중요하다.
  (예: 수발부담 몇 % 감소, 가족모임 횟수, 프로그램 참여 출결석 현황, 혈압/혈당치 등)

성과지표 개발의 난제를 극복하는 방법

1) 성과를 수치화하기 어려운 경우
- '긍정적으로 변화되어 나타난 행동'의 경우는 척도를 찾거나 개발해서 행동내용을 관찰측정이 가능하도록 도구를 확보
2) 일회적 지원서비스의 경우(긴급구호)
- 프로그램 성과 = 프로그램의 산출
3) 장기측정이 어려운 경우
- 단기, 중기중심으로 설정
4) 개입의 대상이 지역사회 전반적인 경우
- 지역사회의 사회지표를 활용
- 주민의식의 변화

(2) 대상별 접근(대상효율성을 높임)

한정된 예산으로 충분한 성과를 달성하기 위해 정확한 욕구사정을 통해 대상자집단을 명확하게 규명하여 개입을 실시하는 것이다.

따라서 대상집단을 '일반집단 → 위험군 → 표적집단 → 클라이언트 집단' 순으로 줄여 나간다. 이후 욕구 및 기능상태평가를 통해 집단을 설정하고 성과지표를 개발해야 한다.

(3) 성과중심 설계

성과측정을 위한 설계는 프로그램 이전에 고려되어야 한다. 성과중심 설계는 특히 인과관계 도출을 위한 것이다. 즉, 성과가 프로그램에 의한 효과인가를 입증해야 한다는 인식을 가지고 인과관계를 도출하는 데 초점을 둔다. 다음 두 가지 설계가 많이 사용된다.

① 사전사후측정설계

사전측정의 중요성을 인식하여 개입 이전에 대상자의 상태에 대한 정보를 확보하여 비교한다.

② 사후측정설계

많은 경우 사전조사가 불가한 경우에는 개입 중간에 측정시기를 다양화하여 비교해 나간다.

(4) 성과유형과 성과지표

다음으로 살펴볼 내용은 성과유형에 따른 성과지표들에 대한 내용이다. 성과측정자는 아래의 성과유형 중 1개 이상을 측정하려는 서비스의 상황에 따라 선택하여 사용할 수 있다.

① 목표달성중심 성과

목표달성 정도를 성과로 보는 목표달성중심 성과의 경우 개입목표 설정 시 성과중심 평가에 대한 태도가 명확해야 한다. 또 목표

설정이 명확하게 성과로 나타날 수 있어야 한다. 이상적 목표설정의 원칙은 다음과 같다.

성과달성을 염두에 둔 목표를 설정할 때는 장기목표(goal)와 단기 또는 하위목표(objective)로 구분하여 가능하면 단기 또는 하위

* 이상적 목표설정의 원칙: SMART
- 구체적(Specific)이어야 한다.
- 측정할(Measurable)수 있어야 한다.
- 성취할(Achievable)수 있어야 한다.
- 결과지향적(Result-oriented)이어야 한다.
- 달성할 날짜(Time-bounded)가 확실해야 한다.

〈표 5-6〉 목표설정과 팀 접근 케어플랜의 예 - 주간보호센터의 경우

욕구 영역	문제(욕구)	개입	결과(목표)	목표달성 정도와 성과
간호	혈압수치 비정상 (70-150)	혈압관련 모니터링 교육	수치정상 (80-120)	
위생 및 ADL	불결한 위생상태	IADL 동작 지원	청결유지	
심리사회	우울증, 고립감, 동료와 접촉시간이 전체시간의 10%	집단 프로그램 개별적 지지	대인적 활동 증가 (40% 이상)	
재활치료	축소된 ROM (range of motion), 손동작이상	물리치료 작업치료	ROM 향상	
언어치료	발음문제	언어치료	발음정상	
영양	혈당량 이상	특이식 제공	정상혈당 유지	
기타 분야(정신건강, 특별간호 등)				
필요한 처방의약 ICD-9 code 등				
종합계획	가족상태, 특이사항, 인지기능 및 의사소통관련 사항 등을 서술함			

목표에 SMART 원칙을 적용한다.

구체적으로 첫째, 상위목표(goal)는 기대되는 성과에 대한 한 문장 정도의 간단하고 일반적인 진술을 의미하며 둘째, 하위목표(세부목표, objectives)는 각 목표를 측정가능한 말로 상세하게 풀어놓은 것으로 의미한다고 하겠다(Netting, Kettener, & McMurty, 1993).

보건 및 복지욕구를 동시에 가진 노인보건복지서비스의 경우에는 개입에 앞서 개인별 케어플랜(individual plan of care) 작성이 필요하다. 특히 성과측정을 위한 케어플랜 달성을 위해 팀 접근을 통한 목표설정의 양적 접근이 필요하다. 〈표 5-6〉은 팀 접근을 통한 주간보호센터의 목표달성 성과측정의 예다.

② **과업성취 성과**

과업성취 성과측정은 성과지표를 구하기 힘든 노인복지서비스의 경우 세부과업의 성취 정도로 성과를 측정하는 방법이다. 다음 세 가지 단계로 구해 볼 수 있다(황성철, 2005).

- 개입의 목표달성을 위한 하위과업들을 설정한다.

〈표 5-7〉 사례-장기목표: 만성질병 재가독거노인의 독립생활 확보

과업	성취도	평점(5점척도)	성과달성 정도
가정봉사원 배치	가사지원서비스의 지속적 이용	5	목표달성성과 관련된 종합적 평가 (100점 만점)
방문간호원 접촉	질병간호 및 위험 확인	2	
재가복지 이용시설 이용	주간보호, 교통서비스 등의 이용	4	
방문목욕(재활) 서비스 이용	방문목욕(재활)서비스의 지속적 제공	3	
식사배달서비스	식사와 배달원의 확보와 지속적 제공	4	

- 성취도의 수준을 정하고 기술한다.
- 각 과업별 달성 정도를 4~5점 척도로 평가한 후 종합적 목표 달성 정도를 100점 척도로 평가한다.

③ 서비스만족도에 의한 성과

지표개발이 어려운 노인복지서비스의 평가를 위한 중요지표로 활용할 수 있는 대표적인 지표가 서비스만족도다. 특히 생활시설, 요양시설 및 이용시설에서 많이 활용한다.

성과지표로 활용하기 위한 서비스만족도 측정을 위해서는 만족도 차원을 다양화해야 한다. 이용편의성, 접근성, 직원의 수행력, 지속성, 시설요인 등이 포함되어야 한다. 또 조사의 시점과 형태를 다양화하고 가족의 참여를 고려해야 한다.

특히 신뢰도 및 타당도가 검증된 평가표를 사용해야 한다.

〈표 5-8〉은 서비스만족도 조사표의 예다.

〈표 5-8〉 만족도 조사표의 예

* 아래의 사항에 5점 척도로 답하시오.

1－매우 좋지 않다(그렇지 않다)　2－좋지 않다　3－보통이다　4－좋다　5－매우 좋다

항목	만족도					만족도와 성과달성
귀하가 원했던 서비스를 받았습니까?	1	2	3	4	5	만족도를 통한 성과 달성과 관련된 종합적 평가 (100점 만점)
귀하가 받은 서비스의 이용이 편리하였습니까?						
귀하가 아는 분에게 권하겠습니까?						
직원들이 친절히 대응하였습니까?						
차후에도 다시 이 서비스를 이용하겠습니까?						
구체적인 질문이나 어려운 상황에 직원들의 도움이 어떠했습니까?						
전체적으로 서비스에 대해 만족하십니까?						
서비스로 인해 귀하의 욕구가 충족되었습니까?						
특별히 문제된 부분을 적어 주세요.						

3) 3단계: 자료원 확인 및 자료수집 방법 확정하기

노인복지서비스 성과측정의 주요 자료원으로는 다음과 같은 예가 있다.

〈표 5-9〉 인지장애 대상자의 측정을 위한 자료원(수집방법의 강 · 약점 비교)

자료원 (방법)	강점	취약점
직접조사	• 감정표현이나 인지상태를 파악할 경우 • 좋아하거나 싫어하는 것들에 대한 단순 질문의 경우	• 기억(회상)과 관련된 영역의 경우 측정이 불가함 • 질문의 구조를 단순화시켜야 하고 자주 반복해 주어야 함 • 시간이 많이 걸림 • 응답의 정확성에 대한 확신감이 약함
대리인	• 시간소모가 적고 비용이 적게 듦 • 같은 형식으로 질문이 가능함	• 대리인의 추론이 관여됨 • 대상자와 대리인 간의 갈등의 가능성 • 대리인 간의 관계에 따른 응답의 차이가 발생함 • 주로 좋은 기억에 대한 정보가 많음 • 관찰(observation)이 아닌 인상적 기억(impression)에 주로 의존
실험환경에서의 관찰	• 대처능력의 파악에 도움이 됨 • 환경의 통제가 가능한 경우	• 제한된 환경에서의 관찰로 실제 상황에서의 관찰과 차이가 발생할 소지가 있음
자연적 환경에서의 관찰	• 빈도, 지속시간, 잠재성 등을 파악하기 용이함 • 대리인이나 기록검토보다 객관성이 높음 • 대인관계나 환경적응의 파악이 정확하게 이루어짐	• 비용이 많이 들고 시간소모가 큼 • 관찰된 행동의 의미를 파악하는 자료분석의 어려움이 발생함 • 개인의 프라이버시 침해 문제가 발생함
서비스 기록 검토	• 시간소모가 적음 • 상대적으로 비용이 적게 듦 • 질적인 정보수집이 용이	• 관찰기록의 질이 좋아야 함(질에 대한 파악이 쉽지 않음) • 기록자의 전문성이 요구됨
신체검진을 통한 검사	• 건강관련 정보와 연계해 수집하므로 정보의 정확성이 높음	• 비용이 많이 듦 • 전문가의 개입이 필요함 • 문제행동이 많은 경우 측정이 어려울 수 있음

- 기록, 프로그램 일지, 행동관찰서
- 사진, 차트, 동영상
- 참여자
- 가족 및 수발자, 외부전문가
- 이웃 또는 제3자

특히 노인복지의 경우 인지장애를 가진 대상자들이 많아 대상자와만의 의사소통으로 측정이 힘든 경우가 있다. 〈표 5-9〉는 인지장애를 가진 대상자의 상태를 측정하는 데 있어 주요 자료원이나 방법 간의 강점과 약점을 비교한 것이다.

4) 4단계: 자료수집 방법 설계하기

노인복지서비스 성과측정과 관련된 주요 자료수집 방법으로 다음과 같은 예가 있다.

- 서베이
- 면접, 관찰, 전문가
- 사례연구(관찰 시기의 다양화)
- 일기, 저널, 일지로 기록
- 2개 이상의 자료수집, 동료 간 점검

인지장애를 가진 노인에 대한 자료수집 방법에 대해서는 앞의 〈표 5-9〉를 참조할 수 있다.

5) 노인복지서비스 성과측정의 예

〈표 5-10〉은 지금까지 단계별 성과측정을 종합적으로 고려하여 살펴본 노인복지서비스 유형별 성과를 정리한 것이다.

우선 생활시설의 경우는 삶의 질 향상의 성과를 생각해 볼 수 있고, 이에 따른 지표로 만족도를 설정하여 측정해 볼 수 있다. 노인상담의 경우는 심리사회적 안정을, 재가복지서비스의 경우는 독립적 재가생활을, 치매주간보호서비스의 경우는 수발부담 감소를 성과로 볼 수 있다.

각각의 성과에 따른 지표유형을 찾고 측정을 위한 자료원과 자료수집 방법을 최종적으로 열거해 본 후 측정에 들어갈 수 있다.

〈표 5-10〉 사례: 노인복지 프로그램 성과측정의 예

서비스 유형	성과	지표	필요한 자료원	자료수집 방법	스케줄
생활(요양)시설	노인생활(이용)의 질 향상	만족도	대상자, 가족, 직원	서베이, 관찰	입소 시, 입소 후
노인상담	심리사회적 안정	심리사회적 상태	프로그램 참여자	관찰 및 면접, 도구 사용	개입 전, 개입 중간
재가복지 서비스	독거노인의 독립 재가생활	과업성취 달성 정도	이용 및 제공 기록, 문헌, 일지	기록 및 문헌 고찰	개입 중간
치매주간보호서비스	수발부담 감소, 대상자 상태	목표달성 정도	가족 및 대상자, 케어플랜	서베이, 관찰, 기록검토	이용 시작과 이용기간 중
이동급식 서비스	바람직한 식생활, 삶의 질	영양상태, 만족도	건강검진자료, 대상자 또는 가족	의학적 검진, 서베이	이용 시작과 이용기간 중

4. 연습과제

본인이 알고 있거나 참여하고 있는 노인복지서비스 프로그램 한 가지를 가지고 다음의 빈칸들을 채워 나간다. 가급적 위의 예와 다른 서비스들을 찾아 실제 적용이 가능할 수 있도록 연습해 본다.

(1) 하위과제들의 실행

노인 분야 중 자신이 원하는 서비스집단을 먼저 구성하고, 그 서비스에 맞는 성과, 지표, 방법 등을 살펴본다.

〈성과지표 개발(최종물)〉

표의 빈칸은 아래의 2～6을 먼저 작성한 후 최종적으로 기입해 본다.

성과	지표	자료원	자료수집 방법	자료수집 시기
무엇을 원하는가?	어떻게 알 것인가?	누가 정보를 가지고 있는가?	어떻게 얻을 수 있는가?	정보는 언제 수집하는가?

(2) 문제목록, 성과, 지표

우선순위	문제영역	목표	성과	지표	비고
1					
2					
3					
4					
5					

(3) 성과의 수준

투입	활동	산출	성과		
			단기	중기	장기

(4) 케어플랜의 목표를 성과지표로 활용하는 경우

욕구 영역	문제(욕구)	개입	결과(목표)	목표달성 정도와 성과
간호				
위생 및 ADL				
심리사회				
재활치료				
언어치료				
영양				
기타 분야(정신건강, 특별간호 등)				
필요한 처방 의약 ICD-9 code 등				
종합계획				

(5) 과업성취 정도를 성과지표로 활용하는 경우

과업	성취도	평점 (5점척도)	성과달성 정도

(6) 자료원 확인 및 자료수집 방법 확정하기

성과	지표	자료원	자료수집 방법	비고

참고문헌

황성철(2005). 사회복지 프로그램 개발과 평가. 파주: 공동체.

Bowling, A. (1997). *Measuring Health: A Review of Quality of Life Measurment Scale* (2nd ed.). Buckingham and Philadelphia: Open University Press.

Kane, R. L., & Kane, R. K. (2000). *Assessing Older Persons: Measures, Meaning, and Practical Applications*. New York: Oxford University Press.

Netting, F. E., Kettner, P. M., & McMurty, S. (1993). *Social Work Macro Practice*. New York: Longman.

Wasserman, D., Bickenback, J., & Wachbroit, R. (2005). *Quality of Life and Human Difference: Genetic Testing, Health Care and Disability*. New York: Cambridge University Press.

제6장

장애인복지서비스 분야의 성과측정

이 장에서는 장애인복지서비스 성과측정에 있어서의 특성 및 이슈 그리고 성과영역, 성과측정 방법 등을 다루고자 한다.

1. 장애인복지서비스 성과측정의 이슈와 특성

장애인복지서비스는 장애인을 1차적으로 그 대상으로 하여 서비스를 제공할 수 있으며, 또한 장애가족 역시 주요 서비스 대상이 될 수 있다. 그리고 장애인의 사회통합을 위해서는 지역사회의 변화를 가져올 수 있는 서비스를 제공하는 것 역시 중요하다고 하겠다.

다음은 장애인복지서비스의 성과를 측정하는 데 있어 점검해야 하는 주요 이슈다.

1) 장애인 대상 프로그램

장애인을 1차적으로 프로그램 대상으로 할 경우, 다양한 장애유형과 연령별 특성을 파악해야 한다. 또한 정부 제도에 얽매여 천편일률적인 프로그램을 진행하기보다는 서비스 당사자의 욕구에 맞는 창의적인 프로그램이 필요하다.

(1) 장애유형을 고려한다.

신체적 지체장애와 정신적 지체장애인의 욕구는 다를 수 있다. 또한 그외 다양한 장애인의 욕구에 맞는 프로그램별 성과를 측정해야 한다.

(2) 장애연령별 욕구를 설정한다.

발달장애아동과 성인기 장애인의 욕구는 다를 수 있으며, 그 외 장애유형별, 연령별 장애인의 욕구가 다를 수 있다. 장애인의 생애주기에 맞는 프로그램과 그들의 욕구 해결을 위한 성과지표를 마련해야 한다.

(3) 다양하고 창의적인 프로그램을 개발한다.

현재 장애인복지서비스는 법적으로 3년에 1번 이상 평가를 받도록 되어 있으며, 서비스 내용의 틀이 일정하게 규제되어 있기 때문에 많은 기관이 이에 맞추어 서비스를 수행하고 있다. 장애인복지서비스가 도약하기 위해서는 기존의 틀을 보완할 수 있는 독창적인 프로그램이 개발되어야 하며, 이에 대한 정확한 성과가 평가되어야 한다.

2) 장애가족 대상 프로그램

장애가족 역시 장애인복지에 있어서는 주요한 대상이다. 장애가족에 대한 접근이 장애인의 복지를 위하여 어떤 효과를 가질지를 파악하는 것이 중요하다.

(1) 사회지지의 효과를 이해한다.

장애인에게 있어서는 전문가가 제공하는 서비스뿐만 아니라 일차적인 가족이 제공하는 다양한 지지체계가 중요한 역할을 한다. 또한 장애가족은 장애인을 보살피는 데 있어 상당한 부담감을 가지게 됨으로 인해 역기능적인 문제를 안게 된다. 곧 장애인과 그 가족이 사회에서 소외될 수 있는 가능성을 가지게 되므로 이에 대하여 장애인복지서비스가 적극적으로 개입할 필요가 있다.

(2) 임파워먼트의 가치를 이해한다.

임파워먼트는 가족과 장애인에게 필요한 안전한 환경과 분위기를 제공해 주며, 가족의 존재와 역할에 가치를 부여해 준다.

3) 지역사회 통합 프로그램

장애인의 삶의 질은 지역사회에서 소외되지 않고 통합하여 살아갈 때 달성된다. 따라서 장애인 및 그 가족을 대상으로 하는 서비스 외 지역사회 전체를 대상으로 하는 프로그램이 개발되어야 한다. 이는 인접 서비스 방법론, 특히 지역사회조직방법론을 활용하여 성과를 만들어 낼 수 있도록 해야 한다.

2. 장애인복지서비스 성과측정의 영역

장애인복지의 성과영역은 크게 장애인의 기능 향상, 직업재활, 독립적인 생활, 임파워먼트, 사회통합 등이라고 할 수 있다. 이외 장애인 가족의 기능 향상도 중요한 성과영역이다.

1) 기본적 일상생활 및 사회생활 기능 향상

장애인은 신체적, 정신적 손상으로 인해 기능장애를 가지게 되고 이로 인해 사회적 불리를 경험하게 된다. 장기간 고착화된 사회적 불리는 장애인의 기능상태를 더욱 퇴화시키는 영향을 주게 되므로 장애인에 대한 기능 향상은 가장 기본적인 서비스 성과영역이라고 할 수 있다.

2) 직업재활

장애인의 직업재활은 지역사회 내 독립적인 생활을 가능하게 하는 주요한 영역이다. 또한 직업재활은 사회적 불리를 가장 많이 경험할 수 있는 영역이기 때문에 적극적인 개입이 필요한 영역이라고 할 수 있다. 장애인의 직업재활은 직업기술훈련에서부터 취업 그리고 직업유지까지를 모두 포함해야 한다.

3) 독립생활

장애인의 독립생활은 장애인복지서비스에 있어 가장 궁극적인 성과영역이라고 할 수 있다. 그러나 독립생활이라는 성과를 직접적으로 개념화하고 측정하는 연구는 많지 않다. 따라서 장애인복지서비스가 다른 여러 가지 프로그램을 통해 궁극적으로 독립적인 생활이 가능하게 되었는지를 정확하게 측정할 필요가 있다.

4) 임파워먼트

임파워먼트는 다차원적인 개념으로서 다양하게 정의될 수 있다. 임파워먼트 영역에서는 결국 전문가에 의존하기보다는 장애인 당사자가 문제를 해결해 나갈 수 있는 역량을 키우는 것을 목적으로 한다. 여기서 역량이란 앞서의 직업과 독립생활만을 의미하는 것은 아니며, 심리적인 역량과 사회환경에 대한 역량을 모두 포함한다.

5) 사회통합

장애인이 사회에서 독립적인 구성원으로 살아가는 것도 중요하지만, 상호연대를 통해서 독립적이지 못한 구성원 역시 사회적으로 통합되어 살아갈 수 있도록 해야 한다. 따라서 장애인복지의 성과는 장애인의 독립적인 생활 이외에도 통합적 관점에서 장애인이 소외되지 않고 사회에 참여할 수 있는 다양한 영역이 보장되어야 한다.

6) 장애인 가족의 가족기능 향상

마지막으로 장애인복지서비스는 장애인뿐만 아니라 장애인 가족의 기능 향상을 도모해, 장애인에 대한 일차적 지지를 제공할 수 있도록 해야 한다. 또한 가족부담을 완화시켜 건강한 기능을 수행할 수 있는 가족체계를 만드는 것 역시 중요한 성과라고 할 수 있다.

3. 장애인복지서비스 성과측정의 단계

이 절에서는 장애인복지서비스의 성과를 측정하기 위한 과정을 각 단계별로 구성하여 설명한다.

* 준비단계: 성과측정을 위한 실무진 구성하기
* 1단계: 성과 정의하기
* 2단계: 성과별 지표(indicator)와 성과의 영향요인 결정하기
* 3단계: 지표들의 자료원(data sources) 확인하기
* 4단계: 자료수집 방법 설계하기
* 5단계: 자료수집에 대한 모의 테스트 실시하기

1) 준비단계: 성과측정을 위한 실무진 구성하기

성과측정의 준비단계는 성과측정을 위한 실무진을 구성하는 것이다. 4~5명의 실무진을 구성하여 성과측정의 각 단계에서 필요한 업무 요소를 파악하여 개발하고 그 과정을 수행한다.

2) 1단계: 성과 정의하기

* 프로그램 구성과 성과에 대한 논리모델을 그려 보기
* 성과에 대한 아이디어 모으기
* 모아진 아이디어 중 적합한 성과인지 검토하기
* 피드백 받아 보기

(1) 프로그램 구성과 성과의 관계

논리모델에 기반을 두며, 기본 과정은 투입, 활동, 산출, 성과라는 4가지의 프로그램 요소들의 논리적 연결로 이루어진다. 투입(inputs) → 활동(activities) → 산출(outputs) → 성과(outcomes)의 단계를 거치고, 각 단계는 if-then으로 연결된다.

이를 장애인복지서비스의 예로 구체적으로 살펴보고자 한다.

① 장애인에 대한 직접적 서비스 프로그램의 예

다음은 장애인에게 직접적 서비스를 제공할 경우, 투입과 활동, 산출, 성과를 정의하는 다양한 예다.

예 1 지체장애인에 대한 인터넷 활용 교육

투입	활동	산출	성과
• 인터넷 활용 교육에 참여한 지체장애인 • 교육진행자 • 프로그램 진행비	• 인터넷활용교육	• 인터넷 활용 교육 횟수 및 교육을 받은 지체장애인 수	• 프로그램 참여 장애인이 다양한 정보를 쉽게 접하고 구할 수 있음

예 2 주의력결핍과잉행동장애아의 사회성 향상을 위한 음악치료

투입	활동	산출	성과
• 음악치료에 참여한 주의력결핍과잉행동장애아 • 프로그램 진행자의 자격 등 • 프로그램 진행에 필요한 시설설비	• 음악치료	• 음악치료 횟수, 시간, 참여자 수	• 참여 장애아동의 사회성 향상

예 3 성인장애인의 직업적응 훈련

투입	활동	산출	성과
• 직업적응 훈련에 참여한 취업예비 장애인 • 프로그램 진행자의 자격 • 프로그램 진행에 필요한 시설설비	• 직업적응 훈련	• 직업적응 훈련 횟수, 시간, 참여자 수	• 참여 장애인의 안정적 직업생활 유지

예 4 중증장애인의 목욕서비스

투입	활동	산출	성과
• 목욕서비스를 받는 거동이 불편한 장애인 • 서비스 제공자 • 서비스에 필요한 시설설비	• 방문목욕 서비스	• 방문목욕서비스 횟수, 시간, 참여자 수	• 중증장애인의 개인위생 증진

예 5 장애인 외출지원 프로그램

투입	활동	산출	성과
• 지역사회 내 외출지원을 필요로 하는 장애인 수 • 서비스 제공자	• 외출지원	• 외출지원 서비스 횟수, 시간, 참여자 수	• 장애인의 접근성 향상 및 지역사회 통합

② 장애인 부모 및 가족에 대한 프로그램의 예

장애인복지서비스는 장애인에 대한 1차적 서비스 외 장애가족을 위한 2차적 서비스 역시 중요하다. 장애가족을 위한 서비스로는 장애인 부모에 대한 교육 프로그램, 장애인 부모의 자조집단 모임 또는 장애인 형제자매를 위한 프로그램 등이 있다.

다음의 각 예를 통하여 프로그램 구성과 성과와의 관계를 파악해 본다.

예 1 부모기능강화 교육

투입	활동	산출	성과
• 부모기능강화 교육에 참여한 장애아동을 둔 부모 비	• 부모기능강화 교육	• 부모기능강화 교육 횟수, 시간, 수료 대상자 수	• 가족기능 회복과 강화

예 2 부모 자조집단 형성

투입	활동	산출	성과
• 지역사회 내 장애인을 둔 부모 • 프로그램 제공 방식 • 프로그램에 필요한 시설 설비	• 장애부모 자조집단 형성	• 자조집단 모임 횟수, 시간, 참여 대상자 수	• 장애가족 부담 완화 • 가족기능 회복과 강화

예 3 장애아동 형제기능 강화

투입	활동	산출	성과
• 장애인을 형제로 둔 일반 형제자매	• 형제기능 강화 프로그램	• 형제기능 강화 프로그램 횟수, 시간, 참여 대상자 수	• 장애형제를 지원하는 지지단위 형성 • 장애형제의 가족기능 강화

③ **장애인에 대한 간접적 서비스 프로그램의 예**

장애인복지서비스는 비장애인에 대한 간접적 서비스도 포함된다. 예를 들어 장애인에 대한 인식전환을 통해 장애인의 지역사회 통합을 모색하고자 하는 프로그램을 진행하는 경우, 투입과 활동, 산출, 성과는 다음과 같이 할 수 있다.

예 1 지역사회 내 장애인 인식개선사업

투입	활동	산출	성과
• 장애인에 대한 인식개선교육에 참여한 비장애인	• 장애인에 대한 인식개선교육	• 장애인에 대한 인식개선교육 횟수, 시간, 수료 대상자 수	• 장애인에 대한 선입견과 편견 감소

예 2 장애인과 비장애인 통합 프로그램

투입	활동	산출	성과
• 장애인 • 비장애인	• 통합 수영 프로그램	• 프로그램 횟수, 시간, 수료 대상자 수	• 장애인에 대한 편견 감소, 장애인의 사회성 향상

예 3 장애인을 위한 서비스 인력 교육 프로그램

투입	활동	산출	성과
• 장애인을 돕고자 하는 간병인	• 장애인 전문 간병기술 교육	• 장애인 전문 간병기술 교육활동 프로그램 횟수, 시간, 수료 대상자 수	• 장애인에 대한 간병기술 전문성 향상

(2) 성과의 내용

성과의 내용은 단기성과와 중기성과, 장기성과로 구분될 수 있다.

① 단기성과

프로그램 산출에 의해 가장 밀접하게 영향을 받는 성과로, 주로 프로그램 참여를 통한 지식, 태도, 기술의 변화에 해당한다.

② 중기성과

프로그램을 통하여 나타난 행동의 변화를 의미를 의미한다.

③ 장기성과

궁극적인 성과로 프로그램 사후관리를 통해 달성하고자 한 목적인 달성하였는지를 의미한다.

다음은 앞서 각 분류의 예에 따른 단기, 중기, 장기성과의 예다.

〈표 6-1〉 장애인복지서비스의 성과내용(예)

프로그램명	단기성과	중기성과	장기성과
지체장애인의 인터넷 활용 교육	지체장애인들의 인터넷 활용도 증가	인터넷 관련 지식 습득과 활용능력 향상	참여장애인이 다양한 정보를 쉽게 접하고 구할 수 있음
주의력결핍과잉행동 장애아의 사회성 향상을 위한 음악치료	음악치료 프로그램 참여를 통한 주의력결핍과잉행동장애 수 감소	참여자의 정서적 안정과 대인관계기술 향상	참여자의 사회성 향상
성인장애인의 직업적응훈련	준비훈련, 직장예절훈련, 일상생활훈련 등 직업적응훈련활동 적응도 증가	프로그램 참여자의 직업인성 및 직업인식, 대인관계기술 향상	참여자의 안정적 직업생활 유지
중증장애인의 목욕서비스	목욕서비스를 통해 개인위생 향상	기능감퇴 예방	서비스량 과대이용 방지, 입원 및 입소 예방
장애인 외출지원 프로그램	외출지원 횟수 증가	사회관계 증가	
부모기능강화교육	장애아동 양육에 필요한 지식 습득	양육 스트레스 감소	긍정적이고 건강한 기능 회복과 강화
부모자조집단 형성	장애아동 가족에 대한 이해도 증가	양육 스트레스 감소	긍정적이고 건강한 기능 회복과 강화
장애아동 형제기능 강화	장애형제를 이해할 수 있는 지식 습득과 장애형제에 대한 태도의 변화	장애형제를 지원하는 지지단위 형성	장애형제와 비장애형제간의 관계 개선
장애인에 대한 인식개선사업	장애인에 대한 인식 개선		
장애인과 비장애인의 통합 프로그램	비장애인의 장애인에 대한 인식 개선, 장애인의 사회성 향상		
장애인을 위한 서비스 인력 교육	참여자가 장애인전문간병인으로서의 기술과 지식 습득	간병인으로서 활동	장애인에게 전문적인 서비스 제공

(3) 무엇을 성과로 할 것인가에 대한 아이디어 모으기

이는 프로그램이 원래 계획했던 대로의 결과와 의도하지 않은 결과를 모두 사정하는 것으로, 의도하지 않았지만 나타날 수 있는 부정적 성과에 대해서도 함께 살펴보는 것이 좋다.

아이디어 모으기의 구체적 방법은 다음과 같다.

① 기관 또는 프로그램 자료 검토

기관의 최근 연차보고서, 기관이나 프로그램 소개서 등에 적힌 미션, 프로그램 지원신청서에 적힌 목적, 비슷한 프로그램 등에 대한 문헌검토에서 밝힌 성과 등을 참조한다.

② 프로그램을 제공하는 기관의 직원 또는 자원봉사자 활용

③ 기관의 위원회 활용

위원들의 경우 지역사회 입장에서 바라는 프로그램의 성과를 이야기해 줄 수 있다.

④ 현재 혹은 과거의 프로그램 참여자 혹은 가족 활용

비공식적 대화, 인터뷰, 서베이, 포커스그룹을 활용한다.

⑤ 프로그램 참여자들을 대하게 되는 타 서비스 주체

예 고용지원 프로그램의 경우, 직업상담가나 미래의 고용주가 될 수 있는 사람들에게 고용주로서 바라보는 바람직한 고용인의 특성이 무엇이겠는지 질문해 본다.

⑥ 비슷한 서비스를 제공하는 타 기관

⑦ 기관의 타 부서 직원 또는 외부관찰자(observer)를 활용

프로그램 진행 동안 외부인에게 관찰하도록 부탁하여 성과라고 생각되는 것을 알아본다.

⑧ 투자자들(funders)의 의견

3) 2단계: 성과별 지표와 성과의 영향요인을 결정하기

이 단계에서는 성과를 측정하기 위한 지표를 설정하고 성과에 영향을 주는 요인을 결정한다.

(1) 성과별 지표

성과별 지표란 성과를 어떻게 알 것인가를 일러주는 것으로 측정가능한 도구를 사용하는 방법과 특정 수치의 변화를 보여 주는 방법이 있다.

① 성과가 달성되었는지를 관찰가능(즉, 자료수집이 가능하도록)하고 측정가능하도록 해 주는 증거 혹은 측정도구를 사용한다.
② 성과수준을 요약할 수 있는 특정 수치(예: 성과를 달성한 수(number)나 %)를 사용하여 몇 % 혹은 몇 점 증가 혹은 감소했는지의 변화를 보여 준다.
③ 참여자의 인터뷰를 통해 질적인 방법으로 분석할 수 있다.

〈표 6-2〉 장애인복지서비스 성과별 지표

프로그램명	성 과	지 표
장애인 인터넷 활용 교육	프로그램 참여자의 인터넷 관련 지식 습득과 활용능력 향상	• 참여자의 인터넷 관련 지식 습득 변화량 • 참여자의 컴퓨터활용능력 향상 %
	참여장애인이 다양한 정보를 쉽게 접하고 구할 수 있게 함	• 정보접근을 위한 참여자의 컴퓨터 이용 빈도 • 인터넷 사용에 대한 만족도 점수
주의력결핍과잉행동장애아 음악치료	프로그램 참여자의 정서적 안정과 대인관계기술 향상	• 참여자의 정서적 안정의 증가량 • 참여자의 대인관계기술 향상 %
	참여자의 사회성 향상	• 프로그램 참여자의 사회성 척도 점수의 증가량

직업적응 훈련	프로그램 참여자의 직업인성 및 직업인식, 대인관계기술 향상	• 참여자의 직업인성의 변화량 및 향상 % • 참여자의 직업인식 향상 % • 참여자의 대인관계기술 향상 %
	참여자의 안정적 직업생활 유지	• 프로그램 참여자의 직업생활 유지 기간 • 취업기관 관리자의 취업장애인에 대한 만족도 점수
방문목욕 서비스	중증장애인의 개인위생 증진	• 참여자의 개인위생 개선 %
외출지원	장애인의 생활편의 증진 및 접근성 향상	• 외출빈도 증가 수 • 사회참여 활동 프로그램 수
부모 교육	장애아동 양육에 필요한 지식 습득과 집단지지모임을 통한 양육 스트레스 감소	• 장애아동 양육관련 지식 습득 증가량 • 양육 스트레스 점수의 하락 %
자조집단	부모의 긍정적이고 건강한 기능 회복과 강화	• 부모들의 자존감 척도 점수의 향상 % • 실제 양육태도의 변화량
장애형제 지지체계 형성	장애형제를 지원하는 지지단위 형성	• 형제들 간의 관계개선 변화량 • 장애형제의 돌봄에 참여 빈도수
장애인 비장애인 통합 프로그램	장애인에 대한 편견 불식과 장애인의 사회성 함양	• 장애인에 대한 인식 변화량 • 장애인의 사회성 척도 점수의 변화량
장애인 인식개선 사업	장애인에 대한 선입견과 편견 제고	• 장애인에 대한 태도의 변화량 • 장애에 대한 정확한 지식 습득 증가량
장애인 서비스 인력교육	프로그램 참여자가 장애인 전문 간병인으로서의 기술과 지식 습득	• 장애인 전문 간병인으로서의 지식 습득 변화량
	전문적인 장애인 간병인의 배출	• 프로그램 참여자의 전문성 증가 % • 배출된 전문가로서의 장애인 간병인의 수

(2) 성과의 영향요인 발견하기

계획된 프로그램이 효과적인 성과를 내기 위해서는 성과에 영향을 미치는 영향요인을 파악하여 이에 대한 개입을 서비스로 실천해야 한다. 다음은 장애인복지서비스의 성과에 영향을 미치는 요인으로 장애인 개인의 특성과 서비스 프로그램의 특성으로 나누어 살펴본다.

① 장애인 개인의 특성

연령, 성별, 교육수준, 소득, 가구 구성, 장애, 일상생활 기능 등을 포함한다.

② 프로그램 참여자가 가지고 있는 문제의 심각성

장애 정도 등 임상적 특성을 포함한다.

③ 프로그램 조직의 특성

기관의 구조적 및 기능적 특성 등을 포함한다. 구조적 특성은 물리적 환경과 운영조직체계 등을 말하며, 기능적 특성이란 기관 운영의 질 등을 의미한다.

④ 제공되는 서비스의 종류 및 양, 의뢰 형태

제공되는 서비스의 종류(집단상담 또는 개별상담 등), 제공되는 서비스의 양(제공시간 또는 빈도 등), 의뢰 형태(본인 의사/강제의무 등)에 따라 서비스 성과가 달리 나타날 수 있음을 인식한다.

4) 3단계: 지표들의 자료원 확인하기

3단계에서는 누가 성과지표의 정보를 가지고 있는가를 확인하는 것이다.

(1) 자료원의 종류

자료원의 종류는 기록과 사람에 의해 구분된다.

① 기록

기록에는 프로그램 일지, 타 기관의 기록, 시각적 기록(사진, 차트, 비디오테이프) 등이 포함된다.

② 사람

프로그램 참여자, 주요 정보제공자(부모 혹은 가족, 프로그램 제공 직원, 교사, 자원봉사자, 외부전문가), 이웃 또는 일반 대중이 포함된다.

5) 4단계: 자료수집 방법 설계하기

4단계는 자료원들로부터 필요한 정보를 어떻게 얻을 것인가와 관련이 있다. 자료수집 방법 설계 시 고려할 점은 비용과 시간을 고려한 실행가능성을 타진해 보는 것, 윤리적 문제를 발생하지 않는가를 점검해 보는 것 그리고 양적 · 질적 방법을 상호보완하기 위하여 적어도 두세 가지 방법으로 자료를 수집하는 것 등이다.

(1) 자료수집 방법

① 서베이

② 면접

③ 관찰(주요 체크리스트를 이용하여 기록하면서 관찰)

④ 집단 이용(예: 포커스그룹)

⑤ 사례연구

⑥ 시험

⑦ 사진, 비디오, 슬라이드

⑧ 문서 검토

⑨ 증명서(기술훈련 관련 자격증 검토)

⑩ 전문가 혹은 동료 검토

⑪ 일기, 잡지, 기사

⑫ 일지

⑬ 상황이나 문제에 대한 시뮬레이션(예: 역할극)

(2) 측정도구의 발견 또는 개발

측정도구를 찾는 방법은 장애인복지서비스 관련 논문의 참고문헌, 척도집, 대학 도서관, 인터넷, 공동모금회 자료실, 타 기관 등을 참고로 한다.

(3) 자료수집 과정

자료수집 과정은 자료를 수집할 시기와 표본추출에 대한 고려 등이 있다.

① 스케줄

언제 정보를 수집할 것인가와 관련하여 프로그램 이전과 이후에 특정 상황을 각각 측정하여 그 수치를 비교하거나 혹은 프로그램 기간 동안 특정 상황에 대하여 일정 간격으로 기록을 남긴다.

② 표본추출(샘플링)

일반적으로 모든 프로그램 참여자를 대상으로 하는 것이 바람직하며, 지역사회 서베이를 하는 경우에는 프로그램 성과를 측정하기에 충분한 규모를 포함시켜야 한다. 이때 가능하면 프로그램의 표적집단에게 서베이하는 것이 좋다.

6) 5단계: 자료수집에 대한 모의 테스트 실시하기

성과측정 각 단계에 대한 이해가 충분히 되었다면, 장애인복지서비스 성과를 측정하는 방법을 실제로 연습해 보는 것이 좋다. 이 과정은 5~10개 기록을 검토해 보거나, 6~10명에게 미리 설문조사를 실시해 보는 것, 5개의 행위, 환경, 시설 등을 미리 관찰해 보는 것 등이 해당된다.

4. 장애인복지서비스 성과측정의 예시

이상의 내용을 통해 장애인복지서비스 성과측정을 다음과 같은 양식에 의해 작성해 보자.

〈표 6-3〉 장애인의 직업재활 프로그램

성과	지표	자료원	자료수집 방법	자료수집 시기
무엇을 원하는가?	어떻게 알 것인가?	누가 정보를 가지고 있는가?	어떻게 얻을 수 있는가?	정보는 언제 수집하는가?
취업				

영향요인	자료원	자료수집 방법	자료수집 시기
무엇이 성과에 영향을 미치는가?	누가 정보를 가지고 있는가?	어떻게 얻을 수 있는가?	정보는 언제 수집하는가?

참고문헌

강봉구(2003). 정서행동장애인을 위한 음악치료의 효과분석. 단국대학교 석사학위 청구논문.

권주현(2005). 통합수영이 정신지체아동에 대한 비장애아동의 수용태도에 미치는 영향. 한국체육대학교 석사학위 청구논문.

김다혜(2003). 직업훈련프로그램이 장애인 직업준비도에 미치는 영향. 대구대학교 재활과학대학원 석사학위 청구논문.

김혜정(2004). 장애형제지원 프로그램이 비장애 형제의 자아개념과 형제관계에 미치는 영향. 단국대학원 특수교육대학원 석사학위 청구논문.

김효정(2006). 지체장애인을 중심으로 한 정보화교육의 실태와 활성화 방안. 중앙대학교 교육대학원 석사학위 청구논문.

박신영(2005). 통합체육수업에 대한 남자 고등학생의 태도 분석. 국민대학교 교육대학원 석사학위 청구논문.

성수진(2002). 장애인 계몽 프로그램의 효과성에 관한 연구. 가톨릭대학교 사회복지대학원 석사학위 청구논문.

손유니(2000). 능력강화를 위한 가족지원 프로그램이 장애아동 부모의 스트레스와 자기효능감과 대처능력에 미치는 효과: 정신지체학교 초등부 학부모를 중심으로.이화여자대학교 교육대학원 석사학위 청구논문.

제7장

자활 및 사회적 일자리사업 분야의 성과측정

이 장에서는 자활 및 사회적 일자리사업[1] 분야의 성과측정을 설명한다. 먼저 자활 및 사회적 일자리사업 성과측정의 이슈 및 특성을 살펴보고, 자활 및 사회적 일자리사업 성과측정의 영역과 단계 그리고 이에 대한 예시를 다루고자 한다.

1. 자활 및 사회적 일자리사업 성과측정의 이슈와 특성

자활 및 사회적 일자리사업 성과특성에 따른 성과측정의 이슈에 대해 살펴보고자 한다.

1) 사회적 기업 분야도 포함한다.

1) 자활 및 사회적 일자리사업 성과특성에 따른 측정의 이슈

(1) 자활 및 사회적 일자리사업 성과특성

성과측정의 맥락에서 보았을 때 자활 및 사회적 일자리사업 성과는 다음과 같은 네 가지 특성을 갖는다. 첫째, 실천에서의 성과가 낮다. 둘째, 성과 간에 서로 가치적으로 충돌한다. 셋째, 성과측정 대상의 간접성이다. 넷째, 과정성과에 대한 측정이 요구된다.

① 낮은 성과

자활사업 참여자들은 국민기초생활보장법의 수급자로서 근로능력이 있는 자이다. 그리고 사회적 일자리사업의 경우 시장진입이 어려운 취업 취약계층을 대상으로 한다. 이들 모두 인적자본을 적게 소유한 사람들이다. 따라서 이들을 사업참여자로 하고 있는 자활 및 사회적 일자리사업 성과는 양적 측면이나 질적 측면에서 모두 낮은 성과를 산출할 수밖에 없다.

② 성과 간의 가치적 충돌

자활 및 사회적 일자리사업의 성과는 사회적 목적을 달성(공익적 성격)해야 하고, 그러면서 시장에서의 이윤을 창출(사적 성격)해야 한다. 그런데 이 성과는 그 성격에 있어 가치적으로 서로 상충된다. 따라서 두 성과 간의 충돌은 피할 수 없는 현상이다.

③ 성과측정 대상의 간접성

자활 및 사회적 일자리사업에서 사회서비스 제공에 대한 성과측정은 서비스 수혜자인 클라이언트를 대상으로 해야 한다. 그럼에도 불구하고 비용과 시간의 문제로 인해 사업 참여자를 통해 클라이언트 변화를 측정하는 경향이 있다. 이를 성과측정 대상의 간접성으로 표현할 수 있다.

④ **과정적 성과**

자활 및 사회적 일자리사업은 참여자의 낮은 인적 자본 수준과 사업의 낮은 성과율 때문에 실천가들의 많은 노력에도 불구하고 산출이나 성과가 낮은 결과를 초래하게 된다.[2] 가령 장애인을 취업시키기 위해서는 지역사회의 인식변화 노력도 필요하고, 사업장을 일일이 찾아다니며 지역사회 통합에 대한 설득작업도 해야 한다. 이럴 경우 사업의 뚜렷한 성과를 내지 못하는 많은 실천과정상의 노력에 대한 처리가 과제로 남는다.

(2) 자활 및 사회적 일자리사업 성과측정의 이슈

① **비효율적인 성과측정 이슈**

비효율적인 성과측정의 이슈는 자활 및 사회적 일자리사업의 낮은 성과로 인해 발생하는 이슈다. 이는 앞서 살펴본 바와 같이 사업의 특성상 성과로 측정하기 힘든 많은 노력을 어떻게 성과로 가시화할 것인가를 의미한다.

② **상쇄되는 성과측정의 이슈**

상쇄되는 성과측정의 이슈는 자활 및 사회적 일자리사업의 성과가 사회복지적 성과와 경제적 성과 간에 가치적으로 상충하는 데서 발생하는 이슈다. 이 경우 성과측정을 하는 그 시점에서 서로 충돌하는 성과가치 중 무엇을 성과로 볼 것인가를 선택함으로써 해결될 수 있을 것이다. 그럼에도 불구하고 상쇄되는 두 성과의 가치문제는 여전히 이슈로 남는다.

---

2) 투입, 산출, 성과에 대한 설명과 관계는 바로 뒤에서 언급하고 있는 성과측정의 단계 중 '프로그램 구성과 성과의 관계' 부분을 참조할 것.

③ 간접적 성과측정 대상의 이슈

간접적 성과측정 대상의 이슈는 자활 및 사회적 일자리사업 성과측정에 있어 측정대상의 간접성에 기인한다. 이때 발생하는 성과측정의 이슈는 누구를 통해 성과를 측정할 것인가, 간접적으로 성과를 측정할 경우 지표개발은 어떻게 하여야 하는가 등이다.

④ 과정적 성과측정의 이슈

과정적 성과측정의 이슈는 자활 및 사회적 일자리사업이 과정적 성과의 특성을 갖고 있는 데 기인한다. 성과측정 맥락에서 봤을 때 자활 및 사회적 일자리사업의 과정적 성과라는 특성은 과정을 어떻게 측정할 것인가와 관련한 이슈를 제기한다.

2) 자활 및 사회적 일자리사업 성과측정 시 지켜야 할 원칙

자활 및 사회적 일자리사업 성과측정 시 지켜야 할 원칙은 다음과 같다.

첫째, 가장 적절한 성과측정 방법을 선택하라.
둘째, 사회복지적 성과와 경제적 성과를 조율하라.
셋째, 현장중심의 성과 틀을 개발하라.
넷째, 성과측정에 영향을 미치는 사회정책 방향 전환에 대해 인식하라.

(1) 성과측정 방법의 선택기준

• 실천가의 노력을 가장 잘 드러낼 수 있는 방법의 선택
• 과정중심적 활동의 특성을 살려 과정적 성과측정에 주력할 것
• 가시적 성과를 잘 드러낼 수 있는 측정방법을 선택할 것(이는 사업 참여자에게 의미화하는 데 유용할 수 있음)
• 현장중심의 성과 틀 개발(10여 년간 진행된 실천의 특성을 감안하여 성과측정 틀을 정립해야 할 우선적 과제가 있음)

(2) 사회복지적 성과와 경제적 성과의 조율

• 사회적 가치 성과와 경제적 가치 성과를 분리할 것
• 경제적 가치 성과의 경우 경제학적 도구를 응용할 것
• 사회적 가치 성과의 경우 논리모델과 질적 방법론의 사용을 병행할 것

(3) 현장중심의 성과 틀 개발과정

• 실천을 기록하고 관찰하라.
(기록의 예: 회계장부, 과정기록지 및 사업일지, 클라이언트 인터뷰 등)
• 실천기록지와 관찰기록지 내용상 공통점을 발견하고 도출하라.
• 발견된 공통점을 기반으로 정례화된 새로운 양식의 성과 틀을 개발하라.

[그림 7-1] 현장중심의 성과 틀 개발과정

(4) 성과측정에 영향을 미치는 사회정책 방향 전환에 대한 인식

자활 및 사회적 일자리사업에 대한 사회정책 방향이 갈수록 이윤창출과 자립, 시장진입을 장려하는 쪽으로 선회하고 있다. 이러한 경향은 특히 자활공동체와 사회적 일자리사업 중 자립지향형 및 기업연계형 등에서 보다 두드러지게 나타나고 있다. 그러므로 자활 및 사회적 일자리사업 분야에서 성과측정을 하고자 할 때는 이윤창출에 대한 사회적 요구, 시장진입을 장려하는 사회정책의 선회의 두 가지 정책방향에 대해 인식하는 것이 필요하다.

2. 자활 및 사회적 일자리사업 성과측정의 영역

무엇을 자활 및 사회적 일자리사업의 성과로 측정할 것인가를 고민하는 데 있어 가장 먼저 해야 할 것은 자활 및 사회적 일자리사업의 성과 영역을 개념화하는 것이다. 자활 및 사회적 일자리사업 성과는 이 두 사업의 목표인 첫째, 취업 취약계층의 일자리(decent job) 창출과 둘째, 양질의 사회서비스 제공으로 개념화할 수 있다.

1) 취업 취약계층을 위한 일자리 창출

취업 취약계층의 일자리 창출이라는 목표에 있어 취업 취약계층의 정의가 자활사업과 사회적 일자리사업에 따라 각기 다르다. 자활사업의 경우는 취업 취약계층이란 국민기초생활보장법의 근로능력이 있는 수급자를 말한다. 이와는 달리 사회적 일자리사업의 경우 취업 취약계층이란 여성이나 장애인 또는 노인이나 청년실업자 및 장기실업자 등 구조화된 실업환경 속에서 취업으로의 진입의 장애를 겪고 있는 사람을 말한다. 따라서 이 두 사업의 경우 사업성과의 대상이 다름을 미리 명시한다. 그럼에도 불구하고 자활 및 사회적 일자리 사업의 성과 영역은 다음과 같다.

• 노동시장으로 부터 소외된 취약계층(노인, 여성, 장애인, 조건부 수급자, 차상위계층 등)의 사업 참여
• 지역사회 홍보를 통해 일자리를 확보하는 것
- 시장진출을 위한 시장발굴 및 개발활동
- 인적 자본 향상을 위한 각종 활동(자격증 취득 목적의 교육 및 준비활동, 직업교육)
- 취업상담 및 정보 제공
- 참여자 배치 및 관리
- 참여자 파견기관 관리 및 연계

2) 사회서비스 제공

사회서비스 제공[3]이란 인구의 노령화, 가족의 해체 및 여성의 사회진출 증가 등 사회인구학적인 변화로 인해 보호서비스에 대한 새로운 수요창출에 대한 공급을 말하는 것이다. 즉, 보육이나 탁아 및 어린이와 청소년 돌보기 그리고 노인 간병 등 우리 사회에 새로운 서비스 수요가 급증하고 있는데, 이를 사회서비스라 한다. 이러한 사회서비스 분야는 그 고유한 특성 때문에 시장에만 의존할 수 없는 공공성이 있어 이에 대한 사회적 공급체계를 갖추는 것이 필

3) 우리나라의 사회서비스 분야의 취업비중은 12.6%로 OECD 평균인 21.7%에 비해 현저히 낮은 수준이다. 선진국들이 우리와 비슷한 소득수준일 때와 비교하면 200만 개 이상이 부족하다는 통계도 있다(홍현미라, 2006).

요하다.[4] 이를 구성하는 성과 영역은 다음과 같다.

- 사회서비스 제공에 필요한 전문교육(서비스 및 기술관련 교육)
- 사례관리 및 고객관리 활동
- 사회서비스 기관 간의 연계 및 협력활동
- 클라이언트 발굴을 위한 지역사회 연계활동

3. 자활 및 사회적 일자리사업 성과측정의 단계

자활 및 사회적 일자리사업의 성과를 어떻게 측정하는가에 대한 과정을 살펴보면 성과를 정의하고 성과에 대한 지표를 찾고, 자료의 출처와 자료수집 방법을 결정하는 순으로 진행된다. 이러한 일련의 과정을 이 절에서는 성과측정의 단계에 따라 설명과 예시 및 방법 등을 통해 이해하고자 한다. 성과측정의 단계는 다음과 같다.

* 준비단계: 성과측정을 위한 실무진 구성하기
* 1단계: 성과 정의하기
* 2단계: 성과별 지표(indicator)와 성과의 영향요인 결정하기
* 3단계: 지표들의 자료원(data sources) 확인하기
* 4단계: 자료수집 방법 설계하기
* 5단계: 자료수집에 대한 모의 테스트 실시하기

4) 사회서비스 부문은 개인 기업에 의해 수요 공급이 원활하게 이루어지는 사업 유통 개인서비스 부문과는 달리 시장실패 가능성이 상대적으로 큰 영역이므로 정부의 정책적 결단과 제도개선, 재원투자 등 적정한 개입이 필요하다.

1) 1단계: 성과 정의하기

성과를 정의하는 작업은 다음의 세 가지 과정을 통해 완성된다. 첫째, 실천 프로그램 구성과 성과의 관계를 파악하기, 둘째, 성과의 내용을 단기, 중기, 장기로 나누어 살펴보기, 셋째, 성과에 대한 아이디어 모으기 등이다.

(1) 프로그램 구성과 성과의 관계

성과 정의하기 단계는 실천 프로그램 구성과 성과의 관계를 파악하는 것으로부터 시작된다. 논리모형(logic model)에 의하면, 프로그램의 구성요소는 투입, 활동, 산출, 성과로 구성되며, 이들 관계는 [그림 7-2]와 같다.

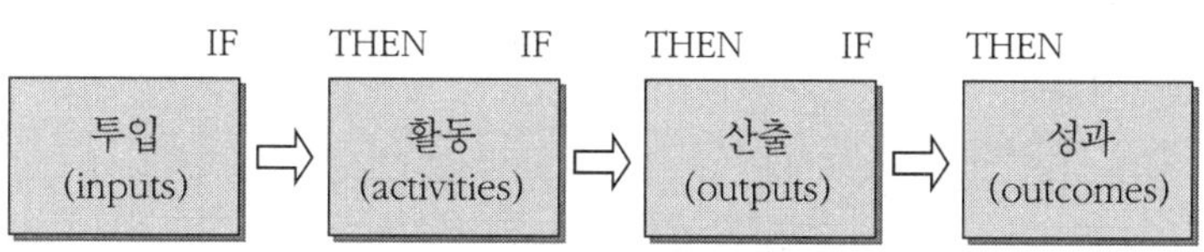

[그림 7-2] 프로그램의 구성

위의 그림에서 보는 바와 같이 성과는 프로그램을 구성하는 투입과 활동 그리고 산출에 대한 이해를 전제로 한다. 이러한 논리모형에 의한 프로그램 구성과 성과의 관계를 자활 및 사회적 일자리사업에 적용해 보자. 다음은 유료간병사 기술훈련 프로그램의 예다.

예 유료간병사 기술훈련 프로그램

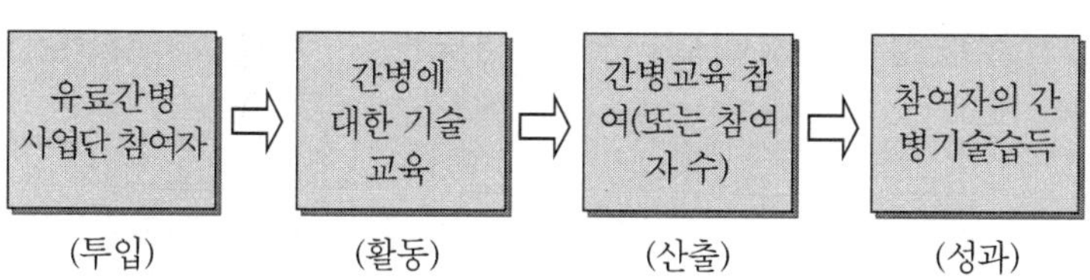

① 투입

투입은 자활 및 사회적 일자리사업 프로그램에 투입된 자원의 의미로 인력(직원, 자원봉사자)이나 지역사회 참여자 등의 인적 자원과 돈이나 물자, 장비 및 시설 등의 물적 자원을 일반적으로 칭한다. 또는 프로그램의 대상이 되는 클라이언트나 사회복지사가 지닌 기술이나 계획 등이 포함된다. 위의 예에서는 유료간병사업단 참여자를 투입요소로 예를 들어 설명하였다.

② 활동

활동이란 목표달성을 위한 일로서 재가서비스 제공이나 직업훈련 및 구직상담서비스 또는 주민지도자 양성 활동 등이 해당된다. 위의 예에서는 간병에 대한 기술교육이 해당된다.

③ 산출

산출이란 프로그램 활동의 산물로서 교육참여 인원 수나 제공된 재가서비스의 양이나 수혜자의 수 또는 구직상담서비스 횟수, 활동에 참여한 지역주민의 수 등이 포함된다. 위의 예에서는 간병교육 참여(또는 참여자 수)를 제시하였다.

④ 성과

성과란 프로그램 개입 활동에 참여하는 동안이나 참여한 이후에 지역사회에 나타나는 효과나 변화를 말한다. 성과는 단기성과, 중기성과, 장기성과로 구분이 가능하다. 위의 예에서는 성과로 프로그램의 목표였던 참여자의 간병기술 습득으로 제시하였다. 프로그램 구성과 성과의 관계에서 논했던 설명을 〈표 7-1〉로 제시한다.

〈표 7-1〉 프로그램 구성에서의 성과

투입	활동	산출	성과		
			단기 (즉시성과)	중기 (중간성과)	장기 (최종성과)

(2) 성과의 내용

성과는 단기성과, 중기성과, 장기성과로 구분가능하다. 이에 대한 예시를 통해 성과의 내용을 이해해 보자.

① **단기성과**

단기성과란 프로그램 산출에 의해 가장 밀접하게 영향을 받는 성과로서 주로 프로그램 참여를 통한 지식, 태도, 기술의 변화가 이에 해당된다. 〈표 7-4〉에서 보는 바와 같이 '방과 후 아동지도사 육성 프로그램' 의 경우 단기성과는 '방과 후 아동지도사 모집과 교육' 으로 진술할 수 있다.

② **중기성과**

중기성과란 프로그램을 통하여 나타난 지식, 태도, 기술의 변화에 의해서 나타나게 된 행동의 변화를 말한다. 〈표 7-4〉의 예에서 중기성과는 '프로그램 참여자가 아동지도사로서의 기술과 가치 습득' 으로 진술할 수 있다.

③ **장기성과**

장기성과란 궁극적인 성과로 프로그램 참여자 혹은 참여주체들의 조건이나 상황에 대한 의미 있는 영향을 말한다. 〈표 7-2〉에서 장기성과는 '전문적인 방과 후 아동지도사 배출' 로 진술할 수 있다.

예 방과후 아동지도사 육성 프로그램

〈표 7-2〉 성과의 내용 예시

단기성과	중기성과	장기성과
프로그램 참여자가 아동지도사로서의 기술과 가치 습득	방과 후 아동지도사 배출	아동의 안전한 방과후 활동 증가

(3) 성과에 대한 아이디어 수집하기

성과에 대한 아이디어를 수집하기 위해서 다음과 같은 방법을 사용할 수 있다.

- 자료 검토: 기관의 최근 연차보고서, 기관이나 프로그램 소개서 등에 적힌 미션, 프로그램의 지원신청서에 적힌 목적, 비슷한 프로그램 등에 대한 문헌검토에서 밝힌 성과 등 참조
- 기관의 직원 또는 자원봉사자 활용
- 기관위원회 활용: 지역사회 입장에서 바라는 프로그램의 성과
- 프로그램 참여자: 비공식적 대화, 인터뷰, 서베이, 포커스그룹 활용
- 프로그램 참여자들을 대하게 되는 타 서비스 주체
- 비슷한 서비스를 제공하는 타 기관
- 기관의 타 부서직원 또는 외부관찰자(observer)를 활용
- 투자자들(funders)

2) 2단계: 성과별 지표 설정하기

성과별 지표 설정하기에서는 지표의 속성을 파악하고, 성과의

지표의 적합성을 검토해야 하며, 성과에 따른 복수지표의 가능성을 타진해 보아야 한다.

(1) 지표의 개념정의

지표란 성과가 달성되었는지를 관찰가능하고 측정가능하도록 하는 증거나 측정도구를 말한다. 따라서 지표를 성과수준을 요약할 수 있는 특정 수치(예: 성과를 달성한 수(number)나 %)로 표현할 수 있다. 자활 및 사회적 일자리사업 프로그램과 프로그램의 성과 그리고 성과에 따른 지표의 예시를 〈표 7-3〉과 같이 나타내보았다.

(2) 지표의 속성

지표는 세 가지 속성을 갖는다. 첫째, 변화량, 둘째, 빈도 그리고 셋째, 수 또는 퍼센트(%) 등이다. 자활 및 사회적 일자리 사업 성과지표를 위의 세 가지 속성에 따라 〈표 7-3〉에 표시해 보았다.

예 자활 및 사회적 일자리 사업 성과지표의 속성 예시

〈표 7-3〉 **성과별 지표 예시**

지표의 속성	프로그램	성과	지표
변화량	노인요양 간병인 양성	노인요양에 필요한 지식과 기술 습득	노인에 대한 인식변화 %
빈도	사회서비스 기관 간 협력 증진	사회서비스 기관 간 모임 형성	모임 참여 기관 수와 참여횟수 및 협력 건수
수 또는 %	시장 발굴 및 개발	일자리 확보	일자리 확보 수 또는 비율

(3) 하나의 성과에 가능한 복수지표들

지표는 하나의 성과에 복수로 가능하다. 따라서 성과에 따른 지표를 설정할 때는 가능한 한 모든 지표를 설정해 보는 것이 필요하다. 이러한 과정을 앞에서 제시하였던 '방과 후 아동지도사 육성 프로그램' 의 성과와 성과에 가능한 복수지표들을 〈표 7-4〉와 같이 제시해 보았다.

〈표 7-4〉 성과별 복수지표 예시

성과	지표
방과 후 아동지도사 모집과 교육	• 모집인원 수 • 교육참가자 수, 교육참석률
프로그램 참여자가 아동지도사로서의 기술과 가치 습득	• 프로그램 참여자의 전문적 기술습득, 변화량 • 프로그램 참여자의 전문적 가치함양, 변화량
전문적인 방과 후 아동지도사 배출	• 프로그램 참여자의 전문성 향상 % • 배출된 전문가로서의 방과 후 아동지도사 수

3) 3단계: 지표들의 자료원 확인하기

3단계는 지표들의 자료원(data sources)을 확인하는 단계다. 자료원의 종류로는 누가 지표의 정보를 갖고 있는가에 따라 기록과 사람으로 나누어 살펴보는 것이 유용하다.

(1) 기록

기록은 문서화된 기록과 시각에 의한 기록으로 구분할 수 있다. 문서화된 기록의 가장 일반적인 형태가 실천의 과정과 결과를 기록하는 일지나 쉬트, 그리고 소프트 프로그램화된 양식들이 이에 해당된다. 시각에 의한 기록은 사진이나 동영상 또는 비디오테이프 등을 말한다.

자활 및 사회적 일자리사업 성과지표의 자료원으로서 기록을 선택할 때는 산출중심의 소프트 프로그램의 활용과 과정을 기록한 과정기록지 그리고 많은 성과가 누수될 수 있는 실천을 비디오 촬영이나 동영상 제작을 통해 보완하는 것이 좋다.

(2) 사람

사람으로부터 자료를 구하고자 할 때는 프로그램 참여자나 주요 정보제공자 또는 이웃 주민들이 주요한 출처일 수 있다. 특히 자활 및 사회적 일자리사업 분야에서는 참여자들과 서비스 수혜자가 주요한 자료원이 될 수 있다.

4) 4단계: 자료수집 방법 설계하기

4단계는 자료수집 방법을 설계하는 단계다. 이 단계에서는 자료수집의 다양한 방법을 아는 것이 중요하며 적절한 방법으로 측정도구를 발견할 수 있어야 한다.

(1) 자료수집 방법

자료수집 방법은 직접조사와 2차 자료를 활용하는 방법으로 나눌 수 있다. 직접조사 방법은 양적 방법론에 입각한 서베이 방법이 있고, 질적 방법론에 입각한 집단을 이용한 포커스 그룹 인터뷰나, 관찰(유관관찰 방법과 사진이나 비디오 촬영처럼 매개를 통해 관찰하는 방법) 또는 사례연구 등이 있다.

2차 자료를 활용할 경우 문서나 증명서 또는 일지 또는 유관기관에 비치된 관련 자료 등을 검토하고 분석하는 방법을 사용할 수 있다.

자활 및 사회적 일자리사업 분야의 경우 위의 자료수집 방법 중 포커스그룹 인터뷰 방법이나 관찰방법 그리고 2차 자료의 활용을 제안한다. 또한 서베이 방법을 제안한다.

(2) 측정도구의 발견 또는 개발

측정도구는 전문가의 자문이나 논문의 참고문헌 또는 척도집, 대학 도서관, 인터넷 서치, 공동모금회 자료실, 타 기관 등에서 다양하게 구할 수 있다. 하지만 자활 및 사회적 일자리사업 분야의 경우 측정도구를 발견하기가 쉽지 않다. 따라서 전문가의 자문을 구할 것을 권한다.

5) 5단계: 자료수집에 대한 모의 테스트 실시하기

성과측정의 마지막 단계는 자료수집에 대한 모의 테스트를 실시하는 것이다. 모의 테스트를 실시하는 이유는 전 단계에서 했던 자료수집 방법의 설계가 적절한지 또는 현실가능성은 있는지 등을 사정하기 위해서다. 모의 테스트는 다음의 세 가지 방법을 통상적으로 사용한다.

(1) 기록 검토하기

기록을 검토할 때는 5~10개 정도의 기록을 검토하는 것이 적절하다. 중요한 것은 기록하고자 하는 자료가 성과를 포괄적으로 담고 있어야 한다는 것이다. 성과의 어느 일부분만을 볼 수 있는 기록에 편중하는 것은 삼가야 한다.

(2) 서베이 실시하기

서베이를 사전조사처럼 미리 실시할 수 있다. 자활 및 사회적 일자리사업 분야의 경우 10~20명 정도를 대상으로 실시해 본다. 이때 측정대상이 적절한지, 측정대상의 범위는 포괄성을 만족하는지 또는 측정도구의 타당성은 확보되는지 등에 유념하여 서베이를 실시하여야 한다.

(3) 관찰하기

관찰을 통해 모의 테스트를 실시할 경우 행위나 환경 또는 시설 등을 고려하여 5개 정도의 관찰을 시행하는 것이 적절하다. 관찰을 통해 모의테스트를 할 경우 관찰자의 주관성이 개입되지는 않는지, 관찰자가 관찰대상에 대한 내부관점(emic perspective)을 갖추고 있는지 등 관찰자에 대한 준비 정도를 점검하는 것 또한 잊지 말아야 할 사항이다.

4. 자활 및 사회적 일자리사업 성과측정의 예시

이상에서 자활 및 사회적 일자리사업 성과측정의 내용과 단계를 살펴보았다. 이러한 내용을 〈표 7-5〉의 예를 통해 구체적으로 어떻게 성과측정하는지를 보여 주고자 한다. 예를 든 사례는 노인요양간병인 양성 프로그램 사례다. 이 사례를 통해 프로그램의 성과를 어떻게 표현하는지, 진술한 성과에 따른 지표를 어떻게 설정하는지, 설정된 지료의 자료는 어디로부터 얻는지 그리고 자료수집 방법은 어떻게 되는지와, 마지막으로 성과측정의 스케줄에 관한 내용으로 구성하였다. 이러한 예시가 실천가 스스로 성과측정을 훈련하고 연습할 수 있는 기회로 제공되기를 바란다.

예 프로그램 명: 노인요양 간병인 양성 프로그램

〈표 7-5〉 자활 및 사회적 일자리사업 성과측정의 예시

성과	지표	자료원	자료수집 방법	스케줄
무엇을 원하는가?	어떻게 알 것인가?	누가 정보를 가지고 있는가?	어떻게 얻을 수 있는가?	정보는 언제 수집하는가?
보호욕구 지닌 노인 클라이언트 확보	• 요양이 필요한 노인의 수 • 요양욕구	• 구청노인계 • 동사무소 • 지역사회 비공식 관계망	• 데이터 • 욕구조사	프로그램 시작 전 1년
노인요양간병인 양성	노인요양기술습득 증가량 노인 인식 변화량	실천가	전문가 자질 체크리스트	프로그램 종료 시점
노인요양 유관기관 간 협력	유관기관 간 모임 횟수	참여기관	모임회의록 활동일지	프로그램 전 과정
클라이언트 사례관리 시스템 구축	사례관리 프로그램 구축 달성 %	실천가	소프트웨어 프로그램	• 프로그램 시작 전 2개월 • 프로그램 전과정
지역사회 내 노인요양기관으로서 인식됨	지역사회 내 기관에 대한 인식점수 차이	지역주민 실천가	서베이 주민 인터뷰	프로그램 시작 전과 후

참고문헌

강병구(2002). 자활사업 참여자의 노동시장성과 및 정책과제. 공공경제, 7, 79-105.

노대명(2002). 자활사업의 평가와 전망. 동향과 전망, 53, 62-99.

노대명(2003). 사회적 일자리 창출의 쟁점과 과제: 서구 각국의 최근 동향. 국제노동브리프, 1(2), 61-68. 한국노동연구원.

이인재(2002). 한국 자활사업의 동향과 과제. 동향과 전망, 58, 102-139.

이태수, 석재은, 김광수, 김정운, 이영범(2005). 사회적 일자리 창출 정책의 활성화 방안연구. 뉴패러다임센터.

진재문(2001). 새로운 빈곤정책으로서의 자활사업: 가능성과 한계. 한국사회복지 학회학술대회 발표자료집, 87-111.

한국노동연구원(2004). 사회적 일자리 창출 사업 중장기 발전방안. 노동부.

홍현미라(2006). 2005년도 노동부 사회적 일자리 창출사업 연구보고서. (재)실업극복국민재단.

Defourny, J. (2004). From third sector to social enterprise. *The Emergence of Social Enterprise.* Routledge: London and New York.

Evers, A. (2004). The significance of social capital in the multiple goals and resource structure of social enterprises. *The Emergence of Social Enterprise.* Routledge: London and New York.

Evers, A., & Schulze-Boing, M. (2004). Germany: social enterprises and transitional employment. *The Emergence of Social Enterprise.* Routledge: London and New York.

Laville, J. L., & Nyssens, M. (2004). The social enterprise: towards theoretical socio-economic approach. *The Emergence of Social Enterprise*. Routledge: London and New York.

OECD (1999). Social Enterprises.

제8장

정신보건서비스 분야의 성과측정

이 장에서는 정신보건서비스 성과의 특성 및 이슈 그리고 성과 영역, 성과측정 방법 등을 다루고자 한다.

1. 정신보건서비스 성과측정의 이슈와 특성

정신보건서비스는 장애인을 일차적으로 그 대상으로 하여 서비스를 제공할 수 있으며, 또한 장애가족 역시 주요 서비스 대상이 될 수 있다. 그리고 장애인의 사회통합을 위해서는 지역사회의 변화를 가져올 수 있는 서비스를 제공하는 것 역시 중요하다.

다음은 정신보건서비스의 성과를 측정하는 데 있어 고려되는 주요 이슈다.

1) 보여 줄 수 있는 성과의 한계

정신보건서비스의 일차적 대상이 되는 정신장애인은 그 특성상 만성적인 장애상태에 놓이기 때문에 프로그램의 성과가 단기간에 나타나기가 쉽지 않다. 따라서 정신장애인의 재활서비스에 대한 성과는 장기간의 사후추적을 통해 보여 줄 수 있는 한계를 가진다.

특히 약물남용과 관련해서는 약물남용의 감소와 중단에 대한 합의, 재발과 관련된 요소 모두를 고려해야 하기 때문에 성과의 개념을 명확히 할 필요가 있다. 또한 예방적 프로그램의 성과 역시 대상집단을 표적화하기 어렵고 그 효과 역시 측정하기 어려운 한계를 가진다.

2) 다양한 성과 개발

정신보건서비스의 성과가 단기간에 나타나기가 쉽지 않다. 성과의 개념 역시 일반적인 '성공적 성과(successful outcome)'의 기준으로는 나타나기기 쉽지 않다.

따라서 정신보건서비스의 성과는 현장 중심의 성과 개념으로 재정의될 필요가 있다. 경험적으로 무엇을 성과라고 볼 것인가를 구체화하여 이에 대한 이론적 배경과 파급효과 그리고 사회적 합의 등을 만들어 내는 것이 중요하다.

3) 성과측정 방법론 개발

정신보건서비스 성과를 측정하는 데는 단순히 계량적인 수치의 변화 이외에 질적인 변화를 보여 줄 수 있는 다양한 성과방법론이 개발되어야 한다. 성과에 대한 양적인 변화를 과학적으로 증명하기 어렵다면, 질적인 변화에 대한 내용을 과학화하여 합리성과 동시에 감명을 제공할 수 있어야 한다.

4) 지역사회 중심의 사례관리 개념 적극 활용

정신보건서비스는 다른 사회복지서비스 분야에 비해 특히 서비스의 지속성과 통합성이 요구된다고 할 수 있다. 따라서 정신보건서비스 성과의 중요한 영역 중 하나로서 사례관리의 개념이 포함되어야 한다. 즉, 일차적으로는 정신장애인에 대한 욕구 대처의 적절한 개입과 비용효과성 등을 검증할 수 있도록 해야 한다.

5) 예방 중심의 사업 활성화

정신보건서비스가 일차적으로 정신장애인의 재활에 초점을 맞출 수 있지만, 지역사회 정신건강 사업은 보편적 욕구에 대한 대응으로 훨씬 사회정책적 파급효과가 크다. 따라서 예방 중심의 사업성과를 보여 줄 수 있다면, 정신보건서비스의 활성화의 기초자료가 될 수 있을 것이다.

2. 정신보건서비스 성과측정의 영역

정신보건서비스의 성과영역은 먼저 정신장애인을 대상으로 하는 재활 프로그램, 정신장애인 가족을 위한 지지체계 지원, 일반인을 대상으로 하는 정신건강 사업 등이 포함된다.

1) 정신장애인의 재활 성과

정신보건서비스는 일차적으로 지역사회 내 정신장애인에 대한 재활서비스가 중요한 대상이 될 수 있다. 정신장애인의 재활성과는 사회기술 및 사회적응 향상, 직업재활, 독립생활 유지, 사회통합, 임파워먼트 향상 등이 있다.

(1) 사회기술 및 사회적응 향상

정신장애인은 정신적인 질환으로 인해 오랜 기간 사회생활 기능이 감퇴할 가능성이 높기 때문에 일상생활에 필요한 기본적 기술과 함께 사회생활에 필요한 기본적인 기술을 습득하여 사회적응력을 높여야 한다. 따라서 이러한 재활 프로그램을 통해 개인위생 등의 일상생활 수행기술과 적절한 사회기능을 수행할 수 있는 능력이 배양되었는지를 평가한다.

(2) 직업재활

정신장애인은 오랜 기간 정신적인 질환을 경험하면서 기본적 일상생활기술 및 사회기술이 현저히 낮아질 가능성이 높다. 따라서 정신장애인의 직업재활의 성과는 직업재활에 필요한 기본적인 기술의 습득과 함께 직업에 필요한 기본적 기술의 습득, 보호고용을 통한 직업훈련, 지원고용, 경쟁고용 참여 여부 등이 모두 직업재활의 성과내용이 될 수 있다.

또한 정신장애인의 특성상 취업이 되었다고 하더라도 지속적으로 유지하기 힘들 수 있다. 그러므로 취업 여부뿐만 아니라 지속 여부 역시 성과의 내용이 되어야 한다.

(3) 독립생활

정신장애인 재활의 가장 큰 성과는 정신장애인이 지역사회에서 독립적인 생활을 영위할 수 있는지일 것이다. 따라서 정신장애인의 독립적 생활을 측정할 수 있는 지표를 개발하여 정신장애인 재활 프로그램을 통해 궁극적으로 독립적인 생활이 가능하게 되었는지를 측정할 필요가 있다.

(4) 사회통합

정신장애인이 사회에서 독립적인 구성원으로 살아가는 것도 중요하지만, 상호연대를 통해서 독립적이지 못한 구성원 역시 사회적으로 통합되어 살아갈 수 있도록 해야 한다. 따라서 통합적 관점에서 정신장애인이 소외되지 않고 사회에 참여할 수 있는 다양한 영역이 보장되었는지도 중요한 성과 내용이 될 수 있다.

(5) 임파워먼트

임파워먼트는 다차원적인 개념으로서 다양하게 정의될 수 있다. 임파워먼트 영역에서는 전문가에 의존하기보다는 장애인 당사자가 문제를 해결해 나갈 수 있는 역량을 키우는 것을 목적으로 한다. 여기서 역량이란 앞서의 직업과 독립생활만을 의미하는 것은 아니며, 심리적인 역량과 사회환경에 대한 역량을 모두 포함한다.

2) 정신장애인 가족의 가족기능 향상

정신장애인복지서비스는 정신장애인뿐만 아니라 정신장애인 가족의 부담을 완화시키고 가족기능을 향상시켜 정신장애인에 대한 일차적 지지를 제공할 수 있도록 해야 한다. 이는 자조집단 형성과 참여, 가족탄력성(resilience) 발견과 획득, 임파워먼트 강화 등으로 개념화할 수 있다.

3) 지역사회 정신건강 증진

일반 주민을 위한 정신건강서비스 역시 중요한 성과영역이 될 수 있다. 정신건강과 관련하여 우울 및 약물중독 등에 대한 예방 프로그램의 효과 등이 중요하게 측정되어야 한다.

4) 지역사회 네트워크 활용

정신보건서비스는 예방에서부터 재활 영역까지를 모두 포함하며, 의료서비스와 복지서비스 모두를 포함해야 하는 지속성과 통합성을 가져야 한다. 따라서 정신보건서비스는 지역사회 내 모든 자원을 활용하여 정신보건서비스 관련 대상자의 욕구에 맞는 서비스를 제공해야 한다. 따라서 지역사회 네트워크의 활용을 통한 효과적인 사례관리 체계를 구축하는 것이 중요한 성과영역이 될 수 있다.

3. 정신보건서비스 성과측정의 단계

이 절에서는 정신보건서비스의 성과를 측정하기 위한 과정을 각 단계별로 구성하여 설명한다.

* 준비단계: 성과측정을 위한 실무진 구성하기
* 1단계: 성과 정의하기
* 2단계: 성과별 지표(indicator)와 성과의 영향요인 결정하기
* 3단계: 지표들의 자료원(data sources) 확인하기
* 4단계: 자료수집 방법 설계하기
* 5단계: 자료수집에 대한 모의 테스트 실시하기

1) 준비단계: 성과측정을 위한 실무진 구성하기

성과측정의 준비단계는 성과측정을 위한 실무진을 구성하는 것이다. 4~5명의 실무진을 구성하여 성과측정의 각 단계에서 필요한 업무 요소를 파악하여 개발하고 그 과정을 수행한다.

이를 위해 프로그램별로 실무진을 구성한다. 단 비슷한 프로그램일 경우, 프로그램별로 실무진을 구성할 필요는 없다. 실무진에는 기관의 다양한 이해관계자를 참여시킬 수 있도록 한다. 예를 들어, 클라이언트를 직접적으로 대면하여 서비스를 전달하는 실무직원, 이 외에 홍보, 자원개발, 질 관리, 자료처리, 행정적 지원, 자원봉사 등과 관련된 기능을 수행하는 직원, 각종 위원회 구성원 또는 회원을 포함시킨다. 이 단계에서 성과측정의 추진 일정을 정한다.

2) 1단계: 성과 정의하기

* 프로그램 구성과 성과에 대한 논리모델을 그려 보기
* 성과에 대한 아이디어 모으기
* 모아진 아이디어 중 적합한 성과인지 검토하기
* 피드백 받아 보기

(1) 프로그램 구성과 성과의 관계

논리모델에 기반을 두며, 기본 과정은 투입, 활동, 산출, 성과라는 4가지의 프로그램 요소들의 논리적 연결로 이루어진다. 투입, 활동, 산출, 성과로 구성되며, 투입(inputs)→활동(activities)→산출(outputs)→성과(outcomes)의 단계를 거치고, 각 단계는 if-then으로 연결된다.

이를 정신보건서비스의 예로 구체적으로 살펴보고자 한다.

① 정신보건 예방 프로그램의 예

다음은 지역사회 내 정신건강을 위하여 일반 주민에게 제공하는 예방 프로그램의 투입과 활동, 산출, 성과를 정의하는 다양한 예다.

예 1 지역사회 주민의 우울감 예방 프로그램

투입	활동	산출	성과
• 지역사회 내 주민 • 우울감 예방 프로그램에 참여한 주민 • 프로그램 진행자 • 프로그램 진행비 • 프로그램 진행관련 시설설비 등	• 우울감 예방 프로그램	• 우울감 예방 교육 횟수 및 시간, 교육을 수료한 주민 수	• 우울감 예방, 우울감 완화 및 감소

예 2 알코올중독 예방 프로그램

투입	활동	산출	성과
• 지역사회 내 일반 주민 • 알코올중독 예방 프로그램에 참여한 주민 • 프로그램 진행자의 자격 등 • 프로그램 진행비 • 프로그램 진행에 필요한 시설설비	• 알코올중독 예방교육활동	• 프로그램 횟수, 시간, 비용, 참여자 수	• 참여 주민의 절주 및 금주

② 정신장애인을 대상으로 한 재활 프로그램

다음은 정신장애인에게 직접적 서비스를 제공할 경우, 투입과 활동, 산출, 성과를 정의하는 다양한 예다.

예 1 정신장애인의 사회적응훈련

투입	활동	산출	성과
• 사회적응훈련에 참여한 정신장애인 • 프로그램 진행자의 자격 등 • 프로그램 진행비 • 프로그램 진행에 필요한 시설 설비	• 사회적응훈련	• 사회적응훈련 횟수, 시간, 비용, 참여자 수	• 프로그램 참여 정신장애인의 사회적응력 향상

예 2 정신장애인의 사회기술훈련

투입	활동	산출	성과
• 사회기술훈련 프로그램에 참여한 정신장애인 • 서비스 제공자 • 비용 • 서비스에 필요한 시설설비	• 사회기술훈련 프로그램	• 프로그램 횟수, 시간, 비용, 참여자 수	• 정신장애인의 사회성 향상

③ 정신장애인 부모 및 가족에 대한 프로그램의 예

정신장애인에 대한 정신보건서비스는 장애인 개인뿐만 아니라 장애인을 둘러싼 부모 및 가족에 대한 지원서비스를 포함한다. 정신장애인 가족을 위한 서비스로는 장애인 부모에 대한 교육 프로그램, 장애인 부모의 자조집단 모임 또는 장애인 형제자매를 위한 프로그램 등이 있다.

다음의 각 예를 통하여 프로그램 구성과 성과와의 관계를 파악해 본다.

예 1 부모기능강화 교육

투입	활동	산출	성과
• 부모기능 강화 교육에 참여한 발달장애아동을 둔 부모	• 부모기능 강화 교육	• 부모기능 강화교육 횟수, 시간, 수료대상자 수	• 가족기능 회복과 강화

예 2 부모자조집단 형성

투입	활동	산출	성과
• 정신장애인을 둔 부모 • 프로그램 제공 방식 • 프로그램에 필요한 시설설비	• 장애부모 자조집단 형성	• 자조집단 모임 횟수, 시간, 참여대상자 수	• 장애가족 부담 강조 • 가족기능 회복과 강화

예 3 장애 자녀 및 장애아동 형제기능 강화

투입	활동	산출	성과
• 장애인을 형제로 둔 일반형제자매 또는 장애인을 부모로 둔 자녀	• 자녀 및 형제기능 강화 프로그램	• 프로그램 횟수, 시간, 참여 대상자 수	• 장애자녀를 지원하는 지지단위 형성 • 장애형제를 지원하는 지지단위 형성 • 장애자녀 및 형제의 가족기능 강화

④ 장애인에 대한 간접적 서비스 프로그램의 예

일반적으로 정신장애와 관련하여 지역사회의 편견이 매우 크게 작용한다. 따라서 지역사회의 정신건강과 정신장애인에 대한 사회통합 등을 이루기 위해서는 지역사회 전체를 대상으로 하는 프로그램을 수행하는 것이 매우 중요하다.

또한 정신보건서비스는 연속성과 통합성이 매우 중요하기 때문에 타 서비스와의 연계 체계를 구축하는 것이 효과적인 정신보건서비스를 수행하는 데 중요하다.

다음은 지역사회 전체를 대상으로 하는 정신보건서비스의 투입과 활동, 산출, 성과와의 관계를 개념화하는 예다.

예 1 지역사회 내 정신장애인 인식개선사업

투입	활동	산출	성과
• 정신장애인에 대한 인식개선 교육에 참여한 비장애인	• 정신장애인에 대한 인식개선 교육	• 정신장애인에 대한 인식개선 교육 횟수, 시간, 수료대상자 수	• 정신장애인에 대한 선입견과 편견 감소

예 2 정신장애인과 비장애인 통합 프로그램

투입	활동	산출	성과
• 장애인 • 비장애인	• 통합 레크리에이션 프로그램	• 프로그램 횟수, 시간, 수료대상자 수	• 장애인에 대한 편견 감소와 장애인의 사회성 향상

예 3 지역사회 내 정신보건조직 연계 및 협력체계 구축

투입	활동	산출	성과
• 지역사회 내 정신보건조직 • 사업비	• 조직 간 연계, 협력체계 구축 활동	• 참여조직 수, 모임 횟수, 시간, 정보의 양과 질, 비용	• 지역사회 내 정신보건조직의 연계 및 협력체계 구축 • 의뢰건수 증가 • 서비스 지속성 및 통합성 증가 • 정신장애인의 사례관리효과 증가

(2) 성과의 내용

성과의 내용은 단기성과와 중기성과, 장기성과로 구분될 수 있다.

① 단기성과

프로그램 산출에 의해 가장 밀접하게 영향을 받는 성과로, 주로 프로그램 참여를 통한 지식, 태도, 기술의 변화에 해당한다.

② 중기성과

프로그램을 통하여 나타난 지식, 태도, 기술의 변화에 의해서 나

타나게 된 행동의 변화를 의미를 의미한다.

③ 장기성과

궁극적인 성과로 프로그램 사후관리를 통해 달성하고자 한 목적을 달성하였는지를 의미한다.

다음은 정신보건 서비스의 단기, 중기, 장기성과의 예다.

〈표 8-1〉 정신보건서비스의 성과내용(예)

프로그램명	단기성과	중기성과	장기성과
정신장애인의 사회적응 프로그램	사회적응을 위한 기능과 기술 습득	자존감 향상	사회적응력 향상
정신장애인의 사회기술훈련 프로그램	사회기술 지식의 습득과 사회관계에 대한 태도의 변화	사회참여활동 증가	사회성 향상
지역사회 주민의 우울감 예방 프로그램	우울행동을 예방하고 대처하기 위한 지식 및 기술 습득	우울 대상자의 감소	우울로 인한 지역사회문제 감소
부모기능강화교육	발달장애아동 양육에 필요한 지식 습득	양육 스트레스 감소	긍정적이고 건강한 가족기능 회복과 강화
부모자조집단 형성	정신장애인 및 가족에 대한 이해도 증가	양육 스트레스 감소	가족기능 회복과 강화
알코올중독자 자녀기능 강화	알코올중독 부모를 이해할 수 있는 지식 습득과 알코올중독 자녀의 특징에 대한 자기인식	알코올중독 자녀를 지원하는 지지단위 형성	알코올중독 부모와 자녀 간의 관계 개선

정신장애인에 대한 인식개선사업	정신장애인에 대한 인식 개선		
정신장애인과 비장애인의 통합 프로그램	비장애인의 정신장애인에 대한 인식 개선	정신장애인의 사회성 향상	
정신보건조직 간의 연계 및 협력 체계 구축	정신보건조직 간의 정기적인 모임 형성	정기모임을 통해 각 기관 간 자료 개방 및 교환, 적극적인 상호지원	효과적인 정신보건서비스 전달체계 구축

(3) 무엇을 성과로 할 것인가에 대한 아이디어 모으기

이는 프로그램이 원래 계획했던 대로의 결과와 의도하지 않은 결과를 모두 사정하는 것으로, 의도하지 않았지만 나타날 수 있는 부정적 성과에 대해서도 함께 살펴보는 것이 좋다.

아이디어 모으기의 구체적 방법은 다음과 같다.

① 기관 또는 프로그램 자료 검토

기관의 최근 연차보고서, 기관이나 프로그램 소개서 등에 적힌 미션, 프로그램 지원신청서에 적힌 목적, 비슷한 프로그램 등에 대한 문헌검토에서 밝힌 성과 등을 참조한다.

② 프로그램을 제공하는 기관의 직원 또는 자원봉사자 활용

③ 기관의 위원회 활용

위원들의 경우 지역사회 입장에서 바라는 프로그램의 성과를 이야기해 줄 수 있다.

④ 현재 혹은 과거의 프로그램 참여자 혹은 가족 활용

비공식적 대화, 인터뷰, 서베이, 포커스그룹을 활용한다.

⑤ 프로그램 참여자들을 대하게 되는 타 서비스 주체

예 고용지원 프로그램의 경우 직업상담가나 미래의 고용주가 될 수 있는 사람들에게 고용주로서 바라보는 바람직한 고용인의 특성이 무엇이겠는지 질문해 본다.

⑥ 비슷한 서비스를 제공하는 타 기관

⑦ 기관의 타 부서 직원 또는 외부관찰자(observer)를 활용

프로그램 진행 동안 외부인에게 관찰하도록 부탁하여 성과라고 생각되는 것을 알아본다.

⑧ 투자자들(funders)의 의견

3) 2단계: 성과별 지표와 성과의 영향요인 결정하기

이 단계에서는 성과를 측정하기 위한 지표를 설정하고 성과에 영향을 주는 요인을 결정한다.

(1) 성과별 지표

성과별 지표란 성과를 어떻게 알 것인가를 일려주는 것으로 측정가능한 도구를 사용하는 방법과 특정 수치의 변화를 보여 주는 방법이 있다.

① 성과가 달성되었는지를 관찰가능(즉, 자료수집이 가능하도록)하고 측정가능하도록 해 주는 증거 혹은 측정도구를 사용한다.

② 성과수준을 요약할 수 있는 특정 수치(예: 성과를 달성한 수(number)나 %)를 사용하여 몇 % 혹은 몇 점 증가 혹은 감소했는지의 변화를 보여 준다.

③ 참여자의 인터뷰를 통해 질적인 방법으로 분석할 수 있다.

〈표 8-2〉 정신보건서비스 성과별 지표

프로그램명	성과	지표
지역사회 정신장애인의 사회적응 프로그램	단기: 정신장애인의 사회적응을 위해 필요한 기능과 기술습득	• 참여자의 사회적응 기능 척도 점수변화량, 기술습득 변화량 (%)
	중기: 프로그램 참여자의 자아존중감 향상	• 참여자의 자아존중감 척도 점수의 증가 %
	장기: 프로그램 참여자의 사회적응력 강화	• 참여자의 사회적응력 척도 점수의 증가 %
정신장애인의 대인관계 기술훈련 프로그램	단기: 프로그램 참여자의 대인관계기술 향상	• 참여자의 대인관계기술척도 점수변화량
	장기: 프로그램 참여자의 원만한 사회복귀	• 가정, 학교, 직장에서의 대인관계 변화량 • 대인관계 향상을 통한 사회통합 척도 점수 증가 %
정신장애인의 인지기능 향상	인지기능 향상	• 인지기능척도 점수의 증가 %
지역사회 주민의 우울감 예방 프로그램	참여자의 우울감 완화	• 우울감척도 점수의 감소량
정신장애인 부모교육 프로그램	정신장애인 케어에 대한 제반 지식과 기술, 이용가능한 사회적 지지체계에 대한 지식 습득	• 정신장애인 케어에 대한 기술, 지식 습득 증가 % • 사회적 지지체계에 대한 지식 습득 증가 %
정신장애인 부모교육 프로그램	장기: 부모의 부담감 완화	• 케어부담감 척도 점수 감소량 • 가족기능 척도 점수의 증가 % • 스트레스 척도 점수 감소량 • 가족 간 갈등 횟수의 감소량
정신보건조직의 연계 및 협력체계구축	단기: 정신보건 조직 간의 정기적인 모임 형성	• 정기적 모임의 참여기관 수 • 출석률 • 협력체계에 대한 인식도 증가 %
	장기: 정기모임을 통해 각 기관 간 자료 개방 및 교환, 적극적인 상호지원	• 정기모임을 통해 교환하는 자료의 양 또는 질의 증가량 • 지역사회 내 자원 확보를 위한 공동노력 여부 빈도 증가량 • 의뢰 및 협력건수 증가량

(2) 성과의 영향요인 발견하기

계획된 프로그램이 효과적인 성과를 내기 위해서는 성과에 영향을 미치는 영향요인을 파악하여 이에 대한 개입을 서비스로 실천해야 한다. 다음은 정신보건서비스의 성과에 영향을 미치는 요인으로 프로그램 참여자 개인의 특성과 서비스 프로그램의 특성으로 나누어 살펴본다.

① 개인의 특성

연령, 성별, 교육수준, 소득, 가구 구성 등을 포함한다.

② 프로그램 참여자가 가지고 있는 문제의 심각성

기능수준, 장애 정도 등 임상적 특성을 포함한다.

③ 가족 및 사회환경의 특성

프로그램 참여자 개인을 둘러싼 가족 및 친구 그리고 사회적 관계의 특성을 포함한다.

④ 프로그램 조직의 특성

기관의 구조적, 기능적 특성 등을 포함한다. 구조적 특성은 물리적 환경과 운영조직체계 등을 말하며, 기능적 특성이란 기관 운영의 질 등을 의미한다.

⑤ 제공되는 서비스의 종류 및 양, 의뢰 형태

제공되는 서비스의 종류(집단상담 또는 개별상담 등), 제공되는 서비스의 양(제공시간 또는 빈도 등), 의뢰 형태(본인 의사/강제의무 등)에 따라 서비스 성과가 달리 나타날 수 있음을 인식한다.

이를 생태학적 체계에 의하여 미시, 중간, 거시체계로 구분하여 영향요인을 살펴볼 수 있다.

〈표 8-3〉 알코올중독자의 중독에 대한 영향요인 발견하기

미시체계	중간체계	거시체계
• 인구사회학적 특성 • 신체, 정신적 기능 특성 • 스트레스 대처 기술	• 가족 스트레스 • 부모양육태도 • 또래 및 동료집단 • 지지체계	• 재발예방을 위한 재활 프로그램보다는 처벌 위주의 정책

4) 3단계: 지표들의 자료원 확인하기

3단계에서는 누가 성과지표의 정보를 가지고 있는가를 확인하는 것이다.

(1) 자료원의 종류

자료원의 종류는 기록과 사람에 의해 구분된다.

① 기록

기록에는 프로그램 일지, 타 기관의 기록, 시각적 기록(사진, 차트, 비디오테이프) 등이 포함된다. 또한 직접적 기록은 아니지만, 정신보건 관련 통계(전국 및 지역단위) 등도 주요 자료원이 될 수 있다.

② 사람

프로그램 참여자, 주요 정보제공자(부모 혹은 가족, 프로그램 제공 직원, 교사, 자원봉사자, 외부 전문가), 이웃 또는 일반 대중이 포함된다. 정신보건센터 관계자 및 프로그램 실행자, 병원, 구청 등의 관계자 등도 포함된다.

5) 4단계: 자료수집 방법 설계하기

4단계는 자료원들로부터 필요한 정보를 어떻게 얻을 것인가와 관련이 있다. 자료수집 방법 설계 시 고려할 점은 비용과 시간을 고려한 실행가능성을 타진해 보는 것, 윤리적 문제를 발생하지 않는가를 점검해 보는 것 그리고 양적 · 질적 방법을 상호보완하기 위하여 적어도 두세 가지 방법으로 자료를 수집하는 것 등이다.

(1) 자료수집 방법

① 설문조사(서베이)
② 면접
③ 관찰(주요 체크리스트를 이용하여 기록하면서 관찰)
④ 집단 이용(예: 포커스그룹)
⑤ 사례 연구
⑥ 시험
⑦ 사진, 비디오, 슬라이드
⑧ 문서 검토
⑨ 증명서(기술훈련 관련 자격증 검토)
⑩ 전문가 혹은 동료 검토
⑪ 일기, 잡지, 기사
⑫ 일지
⑬ 상황이나 문제에 대한 시뮬레이션(예: 역할극)

(2) 측정도구의 발견 또는 개발

① 측정도구의 발견

측정도구를 찾는 방법은 정신보건서비스 관련 논문의 참고문헌, 척도집, 대학 도서관, 인터넷, 공동모금회 자료실, 타 기관 등을 참고로 한다.

② 측정도구의 개발

측정하고 싶은 성과에 대하여 신뢰도와 타당도가 입증된 측정도구가 없을 때 성과측정자가 측정도구를 개발할 수 있다. 이때 측정하고 싶은 성과에 대하여 측정가능하도록 구체적으로 조작적 정의를 내리고 이에 따라 문항을 개발할 수 있다. 문항이 개발되면 각 응답범주는 상호배타적이며, 모든 응답내용을 포괄할 수 있도록 포괄적이어야 한다.

(3) 자료수집 과정

자료수집 과정은 자료를 수집할 시기와 표본추출에 대한 고려 등이 있다.

① 스케줄

언제 정보를 수집할 것인가와 관련하여 프로그램 이전과 이후에 특정 상황을 각각 측정하여 그 수치를 비교하거나 혹은 프로그램 기간 동안 특정 상황에 대하여 일정 간격으로 기록을 남긴다.

② 표본추출(샘플링)

일반적으로 모든 프로그램 참여자를 대상으로 하는 것이 바람직하며, 지역사회 서베이를 하는 경우에는 프로그램 성과를 측정하기에 충분한 규모를 포함시켜야 한다. 이때 가능하면 프로그램의 표적집단에게 서베이하는 것이 좋다.

6) 5단계: 자료수집에 대한 모의 테스트 실시하기

성과측정 각 단계에 대한 이해가 충분히 되었다면, 정신보건서비스 성과를 측정하는 방법을 실제로 연습해 보는 것이 좋다. 이 과정은 5~10개 기록을 검토해 보거나, 6~10명에게 미리 설문조사를 실시해 보는 것, 5개의 행위, 환경, 시설 등을 미리 관찰해 보는 것 등이 해당된다.

4. 정신보건서비스 성과측정의 예시

이상의 내용을 통해 정신보건서비스 성과측정을 다음과 같은 양식에 의해 작성해 보자.

〈표 8-4〉 정신장애인의 사회지지 체계 형성을 통한 임파워먼트 향상 성과

성과	지표	자료원	자료수집 방법	자료수집 시기
무엇을 알 것인가?	어떻게 알 것인가?	누가 정보를 가지고 있는가?	어떻게 얻을 수 있는가?	정보는 언제 수집하는가?
정신장애인의 임파워먼트 수준 향상				

영향요인	자료원	자료수집 방법	자료수집 시기
무엇이 성과에 영향을 미치는가?	누가 정보를 가지고 있는가?	어떻게 얻을 수 있는가?	정보는 언제 수집하는가?

참고문헌

김세윤(2004). 만성정신장애인 자녀를 둔 어머니의 부담감과 대처방안에 관한 질적 연구. 서울여자대학교 석사학위 청구논문.

김영선(2006). 집단미술치료가 정신분열환자의 자아존중감과 불안감에 미치는 효과. 진주산업대학교 벤처창업대학원 석사학위 청구논문.

김정(2006). 정신장애인의 신체건강을 위한 절연 프로그램의 개발 및 효과성 연구. 성공회대학교 석사학위 청구논문.

선영심(2004). 정신장애인을 위한 주간재활 프로그램이 사회통합에 비치는 효과성 연구. 호남대학교 행정대학원 석사학위 청구논문.

신현숙(2000). 청소년 정신장애인을 위한 집단활동 프로그램에 관한 연구. 단국대학교 행정법무대학원 석사학위 청구논문.

이은숙(2005). 치료레크리에이션 프로그램이 만성 정신분열환자의 인지기능에 미치는 영향. 나사렛대학교 재활복지대학원 석사학위 청구논문.

정선영(2001). 지역사회 정신장애인을 위한 통합재활 프로그램의 개발과 효과에 관한 연구. 이화여자대학교 박사학위 청구논문.

정은경, 이명희, 서정근(2001). 원예치료 프로그램이 정신장애자의 우울감에 미치는 효과. 한국화훼연구회지, 9(1), 17-21.

조용욱(2004). 정신장애인의 사회통합을 위한 지역사회 정신보건조직 연계협력에 관한 연구. 대구대학교 석사학위 청구논문.

제9장

지역사회복지 분야의 성과측정

이 장에서는 지역사회복지 분야의 성과측정을 설명한다. 먼저 지역사회복지 성과측정의 이슈 및 특성을 살펴보고 지역사회복지 성과측정의 영역과 단계 그리고 이에 대한 예시를 다루고자 한다.

1. 지역사회복지 성과측정의 이슈와 특성

지역사회복지 특성에 따른 성과측정의 이슈에 대해 살펴보고자 한다.

1) 지역사회복지 성과특성에 따른 측정의 이슈

(1) 지역사회복지 성과특성

성과측정의 맥락에서 보았을 때 지역사회복지는 다음과 같은 네 가지 특성을 갖는다. 첫째, 성과에 대한 관찰이 장시간 후에나 가능하다. 둘째, 성과측정이 모호할 수 있다. 셋째, 지원을 목적으로 하는 실천의 특성 때문에 실천의 성과가 간접적일 때가 많다. 넷째, 과정성과에 대한 측정이 요구된다.

① 성과관찰이 장시간 후에 가능

성과관찰이 장시간 후에 가능하다는 특성은 지역사회복지 실천으로 인한 변화가 매우 더디고 장시간 후에나 그 변화의 추이를 관찰할 수 있다는 것을 말한다. 이는 근본적으로 개인이나 가족 또는 집단 등을 대상으로 하는 미시실천과 달리 개입의 범위가 넓기 때문이다. 또한 지역사회 문제가 해결된다는 것 자체가 여러 다양한 거시적 요소들의 변화를 통해 가능하기 때문이다.

② 성과측정의 모호성

지역사회복지 실천의 특성상 성과측정이 모호할 수 있다. 예를 들어, '기관 간 협력이나 만남 또는 모임 형성' 등의 목표 진술은 목표성과에 대한 측정에 있어 매우 애매하고 모호할 수 있다. 아직 우리나라에서 지역사회복지 실천에 사용되는 적절한 전문용어들이 많이 소개되어 있지 못한 상황에서 실천현장에서는 이러한 용어들을 사용하게 된다.

③ 성과의 간접성

성과의 간접성은 지역사회복지 실천의 경우 클라이언트 문제를 직접적으로 해결하기 위한 활동보다는 문제해결을 지원하는 간접적 활동의 비중이 크다는 것을 의미한다. 이는 간접적 실천의 경우 실천목표, 즉 성과를 어떻게 나타날 것인가의 문제인데, 가령 저소득층 한부모가족의 고용창출 인프라를 구축하는 프로그램의 예를 들 수 있다.

④ **과정적 성과**

과정적 성과란 지역사회복지 분야는 실천의 결과보다 실천의 과정을 측정해야 하는 경우가 많다는 것을 뜻한다. 그렇기 때문에 과정측정에 대한 준비와 훈련이 필요하다.

(2) 지역사회복지 성과측정의 이슈

① **성과(변화)측정 시점의 이슈**

성과(변화)측정 시점의 이슈는 지역사회복지 성과의 특성 중 첫 번째 특성인 성과관찰이 장시간 후에 가능함으로 인해 발생한다. 성과 자체가 오랜 시간 후에 나타나고 관찰시점이 길어짐에 따라 변화의 시점, 즉 성과측정의 시점을 언제로 잡을 것인가가 이슈로 제기된다. 성과측정 시점의 이슈를 해결할 수 있는 방안의 하나로 변화시점을 염두해서 측정시점을 구분하는 방법을 제안한다.

② **성과의 개념화와 조작화 이슈**

성과의 개념화와 조작화 이슈란 성과측정의 모호성으로 인해 발생할 수 있는 이슈로서 무엇을 지역사회복지 성과로 볼 것인가의 문제다. 이 문제를 해결하기 위해서 가능하면 학문적으로 개념화되었거나 측정가능한 용어를 사용하는 것이 좋다. 예를 들어, 협력실천의 경우 '물리적 협력' 인지 '관계적 협력' 인지 등을 구분해서 사용해야 한다. 또는 '서비스 연계' 라는 단어를 사용하거나 '모임 횟수' 를 얼마로 한다는 등 개념화되고 조작화된 구체적인 용어를 사용해야 한다.

③ 성과측정 대상의 이슈

측정대상의 이슈는 지역사회복지 성과의 간접성으로 인해 발생하는 이슈를 말한다. 즉, 누구를 통해 성과를 측정할 것인가의 이슈다. 이 문제는 바로 위에서 언급한 성과의 개념화와 조작화 이슈와 아주 밀접하다. 따라서 측정대상의 이슈 해결의 첫 번째는 성과의 개념화와 조작화를 적절하게 하는 것으로부터 출발한다. 가령 '고용창출 인프라 구축' 이라는 성과표현보다는 '고용창출을 위한 구직상담 및 정보제공 인프라 형성' 으로 세분화하는 것이 선행되어야 한다. 그래야만 측정대상이 보다 명료해질 수 있다. 이 경우 성과측정 대상은 클라이언트 집단과 인프라망에 들어와 있는 구직상담소나 정보제공자다.

④ 성과측정 방법의 이슈

측정방법의 이슈는 지역사회복지 성과가 과정적일 때가 많다는 특성에 연유한다. 다시 말해 지역사회복지 실천의 많은 경우가 과정적 실천인데, 이 과정적 성과를 어떻게 측정할 것인가의 이슈다. 이 문제를 해결할 수 있는 방법으로 과정기록(process recoding) 방법을 제안한다. 실천의 산출이나 결과중심의 기존 기록양식에 더해 과정기록 양식을 마련하는 것이 필요하다. 과정기록 양식의 내용은 실천과정에서 측정가능한 요소들로 구성한다.

⑤ 성과측정 도구의 빈약함의 이슈

지역사회복지 성과측정에 있어 위에 열거한 바와 같이 여러 어려움과 이슈가 제기되는데, 이러한 어려움을 가중시키는 요소로 성과측정 도구의 빈약함을 뽑을 수 있다. 더욱이 개발된 성과측정도구들이 대부분 양적 방법론에 기반한 도구들인데, 지역사회복지 실천의 성격상 양적 방법론보다는 질적 방법론에 의한 성과측정이 더 유용할 때가 많아 이로 인한 이슈가 발생한다. 따라서 성과측정 도구의 빈약함을 해결하고 측정도구 개발을 위해 질적 방법론을 사용한 성과측정의 몇 가지 예를 제안한다. 지역사회복지 성과측정 방법으로 유용한 질적 방법론의 예는 다음과 같다.

- 포커스그룹 인터뷰(focused group interview)
- 지역사회기반 조사(CBR, Community-Based Research)

2) 지역사회복지 성과측정 시 지켜야 할 원칙

지역사회복지 성과측정 시 지켜야 할 원칙은 다음과 같다.

첫째, 가장 적절한 성과측정 방법을 선택하라.
둘째, 현장중심의 성과 틀을 개발하라.
셋째, 평가에 대해서 인식하라.

(1) 성과측정 방법의 선택기준

- 사회복지사의 노력을 가장 잘 드러낼 수 있는 방법을 선택하는 것이 최선이다.
- 가능한 한 기록을 최소화하라.
- 현장중심의 성과 틀을 개발하라.

(2) 현장중심의 성과 틀 개발과정

첫째, 실천을 기록하고 관찰하라.

예 과정기록지, 실천일지, 다이어리 등

둘째, 실천기록지와 관찰기록지의 내용상 공통점을 발견하고 도출하라.

셋째, 발견된 공통점을 기반으로 정례화된 새로운 양식의 성과틀을 개발하라.

위의 과정을 [그림 9-1]로 제시하였다.

[그림 9-1] 현장중심의 성과 틀 개발과정

(3) 평가에 대한 인식

사회복지관 평가지표를 고찰하여 성과측정을 설계해야 한다. 평가지표는 〈표 9-1〉과 〈표 9-2〉에 제시하였다. 이들 표를 보면 전체 평가항목 중에 실천 영역이 60% 가량 차지함을 알 수 있다. 60%를 차지하는 실천 영역의 내용을 살펴보면 전문적 실천의 요구, 실천과정의 우수성, 결과평가의 적절성 등이 요구됨을 알 수 있다.

- 실천전문성: 프로그램 계획의 전문성 요구
- 실천과정: 프로그램 수행과정에 관한 기록, 전문인력, 자원동원 활용 등 수행과정의 우수성
- 결과평가: 프로그램 결과에 대한 평가의 체계성과 피드백의 우수성

〈표 9-1〉 사회복지관 평가 영역

평가 영역	전국 배점%(지표 수)	서울시 배점%(지표 수)
A. 조직 및 시설관리	8% (8)	11% (10)
B. 인적자원관리	24% (12)	23% (14)
C. 재정	4% (2)	6% (3)
D. 프로그램	43% (20)	39% (22)
E. 지역사회관계	18% (9)	13% (9)
F. 평가팀 종합소견	3% (3)	3% (3)
G. 이용자 만족도	0% (7)	5% (5)
총계	100% (61)	100% (66)

〈표 9-2〉 사회복지관 평가지표 및 문항

평가 영역	평가지표	평가문항	전국	서울
프로그램 (43; 39)	전체 프로그램 이용 실적	1) 전체 프로그램의 연인원은?	2	1
		2) 전체 프로그램의 실인원은?	2	1
		3) 전체 프로그램의 실인원 중 무료감면 인원은?	2	1
	가족복지사업	1) 프로그램 계획의 전문성이 매우 높다.	3	2
		2) 프로그램 수행과정에 관한 기록, 전문인력, 자원동원 활용 등 수행과정이 우수하다.	3	2
		3) 프로그램의 결과에 대한 평가의 체계성과 피드백이 우수하다.	3	2
		4) 이용자에 대한 사례관리체계가 우수하다.	-	2
	지역사회보호 사업	1) 프로그램 계획의 전문성이 매우 높다.	3	2
		2) 프로그램 수행과정에 관한 기록, 전문인력, 자원동원 활용 등 수행과정이 우수하다.	3	2
		3) 프로그램의 결과에 대한 평가의 체계성과 피드백이 우수하다.	3	2
		4) 이용자에 대한 사례관리체계가 우수하다.	-	2

평가 영역	평가지표	평가문항	전국	서울
프로그램 (43; 39)	지역사회 조직활동	1) 프로그램 계획의 전문성이 매우 높다.	3	2
		2) 프로그램 수행과정에 관한 기록, 전문인력, 자원동원 활용 등 수행과정이 우수하다.	3	2
		3) 프로그램의 결과에 대한 평가의 체계성과 피드백이 우수하다.	3	2
	교육문화사업	1) 프로그램 계획의 전문성이 매우 높다.	3	-
		2) 프로그램 수행과정에 관한 기록, 전문인력, 자원동원 활용 등 수행과정이 우수하다.	3	-
		3) 프로그램의 결과에 대한 평가의 체계성과 피드백이 우수하다.	3	-
	특화사업	1) 지역사회 특성 반영 여부	2	2
		2) 참여자의 프로그램에 대한 욕구의 반영 정도	2	2
		3) 프로그램 수행과정에 관한 기록, 전문인력, 자원동원 활용 등 수행과정이 우수하다.	2	2
		4) 다른 지역, 기관과의 차별성 및 프로그램의 참신성 정도	2	2
		5) 프로그램의 파급효과 및 모델링화 가능성 정도	2	2
지역사회 관계 (18; 13)	지역사회관계	1) 지역사회 내 다른 기관과의 연계사업 실적은?	2	2
		2) 지역사회 내 다른 기관과 연합사업의 활성화 정도는?	2	2
	주민공청회	3) 지역사회 내 주민 공청회의 활성화 정도는?	2	1
	직원의 지역사회 참여 실적	4) 관장과 직원이 지역사회에 활발히 참여하고 있는가?	2	2
	실습지도의 규모와 실적	5) 실습지도의 규모와 실적은?	2	1
	조사실시	6) 지역주민 욕구조사, 지역자원조사, 실태조사 등 지역조사를 실시하는가?	2	1
	결과활용	7) 지역조사 내용이 우수하고, 조사결과가 복지관 운영에 반영되었는가?	2	1
	연구보고서	8) 연간사업보고서 및 연구보고서가 발간되는가?	2	2
	홍보매체	9) 복지관의 홍보를 위해 홍보물 발행, 인터넷 홈페이지를 운영하고 있는가?	2	1

2. 지역사회복지 성과측정의 영역

무엇을 지역사회복지 분야의 성과로 측정할 것인가를 고민하는데 있어 가장 먼저 해야 할 것은 지역사회복지 실천의 성과 영역을 개념화하는 것이다. 지역사회복지 분야의 성과 영역은 지역사회복지 실천의 사명(mission)인 지역사회 변화로 개념화할 수 있다. 지역사회 변화(community change)란 첫째, 사회복지서비스 전달체계를 변화시키는 것, 둘째, 사회복지 자원을 동원하고 관리하는 것, 셋째는 지역사회 구성원을 조직화하고 옹호하는 것으로 구성된다.

1) 사회복지서비스 전달체계의 변화

사회복지서비스 전달체계를 변화시키는 것은 지역사회 문제해결을 위한 사회복지서비스 전달체계를 변화시키는 것(developing and changing community service system)을 말한다. 이를 구성하는 성과 영역은 다음과 같다.

- 서비스 프로그램 전달방식의 개선
- 사회복지조직 간 협력과 조정 및 관계망 형성
- 새로운 서비스 프로그램을 만드는 것
- 서비스 프로그램의 규정을 변화시키는 것
- 클라이언트 역량 강화를 통한 참여보장

2) 사회복지자원 동원

사회복지자원을 동원하고 관리하는 것은 지역사회 문제해결을 위해 인력과 조직 및 재정 등의 사회복지자원을 동원하고 관리하는 것(mobilizing and developing community resources)을 말한다. 이를 구성하는 성과 영역은 다음과 같다.

- 지역사회문제에 주목시키고자 하는 지역사회 교육활동
- 자원봉사자 육성을 통한 인적 자원 개발관리
- 지역사회 내외의 물적 자원 개발관리
- 지역사회관계망(community networks)의 재구조화를 위한 사회자본(social capital) 개발관리

3) 지역사회 구성원 조직화와 옹호

지역사회 구성원을 조직화하고 옹호하는 것은 지역사회문제와 관련한 구성원을 조직화하고 옹호하는 것(communication on community issues and advocacy)을 말한다. 이를 구성하는 성과 영역을 다음에 제시한다.

- 주체세력의 형성과 조직화
- 사회행동의 지원
- 자조집단 형성의 지원
- 토착지도력의 발굴과 리더십 개발

3. 지역사회복지 성과측정의 단계

지역사회복지 분야의 성과를 어떻게 측정하는가에 대한 과정을 살펴보면 성과를 정의하고, 성과에 대한 지표를 찾고, 자료의 출처와 자료수집 방법을 결정하는 순으로 진행된다. 이러한 일련의 과정을 이 절에서는 성과측정의 단계에 따른 설명과 예시 및 방법을 통해 설명하고자 한다. 성과측정의 단계는 다음과 같다.

* 준비단계: 성과측정을 위한 실무진 구성하기
* 1단계: 성과 정의하기
* 2단계: 성과별 지표(indicator)와 성과의 영향요인 결정하기
* 3단계: 지표들의 자료원(data sources) 확인하기
* 4단계: 자료수집 방법 설계하기
* 5단계: 자료수집에 대한 모의 테스트 실시하기

1) 1단계: 성과 정의하기

성과를 정의하는 작업은 다음의 세 가지 과정을 통해 완성된다. 첫째, 실천 프로그램 구성과 성과의 관계를 파악하기, 둘째, 성과의 내용을 단기, 중기, 장기로 나누어 살펴보기, 셋째, 성과에 대한 아이디어 모으기 등이다.

(1) 프로그램 구성과 성과의 관계

성과 정의하기 단계는 실천 프로그램 구성과 성과의 관계를 파악하는 것으로부터 시작된다. 논리모형(logic model)에 의하면, 프

로그램의 구성요소는 투입, 활동, 산출, 성과로 구성되며, 이들 관계는 [그림 9-2]와 같다.

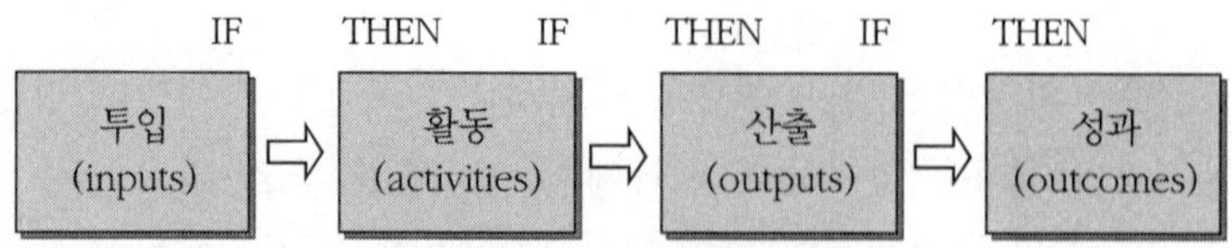

[그림 9-2] 프로그램의 구성

그림에서 보는 바와 같이 성과는 프로그램을 구성하는 투입과 활동 그리고 산출에 대한 이해를 전제로 한다. 이러한 논리모형에 의한 프로그램 구성과 성과의 관계를 지역사회복지 분야에 적용해 보자. 다음은 임대아파트 지역주민의 주거환경 개선을 위한 교육 프로그램의 예시다.

예 임대아파트 지역주민의 주거환경 개선을 위한 교육 프로그램

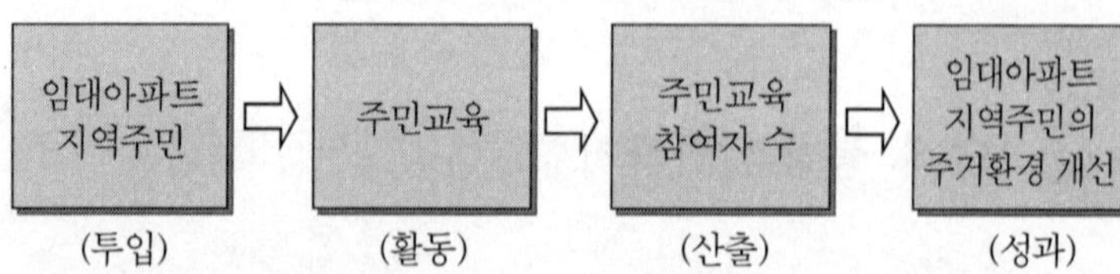

① 투입

투입은 지역사회복지 프로그램에 투입된 자원의 의미로 인력(직원, 자원봉사자)이나 지역사회 참여자 등의 인적 자원과 돈이나 물자, 장비 및 시설 등의 물적 자원을 일반적으로 칭한다. 또는 프로그램의 대상이 되는 클라이언트나 사회복지사가 지닌 기술이나 계획 등이 포함된다. 위의 예에서는 임대아파트 지역주민을 투입요

소로 예를 들어 설명하였다.

② 활동

활동이란 목표달성을 위한 일로서 재가서비스 제공이나 직업훈련 및 구직상담서비스 또는 주민지도자 양성 활동 등이 해당된다. 위의 예에서는 주거환경 개선을 위한 임대아파트 주민을 대상으로 한 주민교육활동이 이에 해당된다.

③ 산출

산출이란 프로그램 활동의 산물로서 교육참여 인원 수나 제공된 재가 서비스의 양이나 수혜자의 수 또는 구직상담서비스 횟수, 활동에 참여한 지역주민의 수 등이 포함된다. 위의 예에서는 지역주민 참여자 수를 제시하였다.

④ 성과

성과란 프로그램 개입 활동에 참여하는 동안이나 참여한 이후에 지역사회에 나타나는 효과나 변화를 말한다. 성과는 단기성과, 중기성과, 장기성과로 구분이 가능하다. 위의 예에서는 성과로 프로그램의 목표였던 임대아파트 지역주민의 주거환경 개선으로 제시하였다. 프로그램 구성과 성과의 관계에서 논했던 설명을 〈표 9-3〉으로 제시한다.

〈표 9-3〉 프로그램 구성에서의 성과

투입	활동	산출	성과		
			단기 (즉시성과)	중기 (중간성과)	장기 (최종성과)

(2) 성과의 내용

성과는 단기성과, 중기성과, 장기성과로 구분가능하다. 이에 대한 예시를 통해 성과의 내용을 이해해 보자.

① 단기성과

단기성과란 프로그램 산출에 의해 가장 밀접하게 영향을 받는 성과로서 주로 프로그램 참여를 통한 지식, 태도, 기술의 변화가 이에 해당된다. 〈표 9-4〉에서 보는 바와 같이 '사회복지기관 간의 협력도모를 위한 네트워크 형성' 프로그램의 경우 단기성과는 '사회복지기관 간 월 1회의 정기모임을 형성한다.' 로 진술할 수 있다.

② 중기성과

중기성과란 프로그램을 통하여 나타난 지식, 태도, 기술의 변화에 의해서 나타나게 된 행동의 변화를 말한다. 〈표 9-4〉의 예에서 중기성과는 '형성된 정기모임을 통해 각 기관의 다양한 정보를 공유한다.' 로 진술할 수 있다.

③ 장기성과

장기성과란 궁극적인 성과로 프로그램 참여자 혹은 참여주체들의 조건이나 상황에 대한 의미 있는 영향을 말한다. 〈표 9-4〉에서 장기성과는 '사회복지기관 간 관계망인 협의회를 구성한다.' 로 진술할 수 있다.

예 사회복지기관 간의 협력도모를 위한 관계망 형성 프로그램

〈표 9-4〉 성과의 내용 예시

단기성과	중기성과	장기성과
사회복지기관 간 월 1회의 정기모임을 형성한다.	형성된 정기모임을 통해 각 기관의 다양한 정보를 공유한다.	사회복지기관 간 관계망인 협의회를 구성한다.

(3) 성과에 대한 아이디어 수집하기

성과에 대한 아이디어를 수집하기 위해서 다음과 같은 방법을 사용할 수 있다.

- 자료 검토: 기관의 최근 연차보고서, 기관이나 프로그램 소개서 등에 적힌 미션, 프로그램의 지원신청서에 적힌 목적, 비슷한 프로그램 등에 대한 문헌검토에서 밝힌 성과 등 참조
- 기관의 직원 또는 자원봉사자 활용
- 기관위원회 활용: 지역사회 입장에서 바라는 프로그램의 성과
- 프로그램 참여자: 비공식적 대화, 인터뷰, 서베이, 포커스그룹 활용
- 프로그램 참여자들을 대하게 되는 타 서비스 주체
- 비슷한 서비스를 제공하는 타 기관
- 기관의 타 부서직원 또는 외부관찰자(observer)를 활용
- 투자자들(funders)

2) 2단계: 성과별 지표 설정하기

2단계인 성과별 지표 설정하기에서는 지표의 속성을 파악하고, 성과의 지표의 적합성을 검토해야 하며, 성과에 따른 복수지표의

가능성을 타진해 보아야 한다.

(1) 지표의 개념정의

지표란 성과가 달성되었는지를 관찰가능하고 측정가능하도록 하는 증거나 측정도구를 말한다. 따라서 지표를 성과수준을 요약할 수 있는 특정 수치(예: 성과를 달성한 수(number)나 %)로 표현할 수 있다. 지역사회복지 프로그램과 프로그램의 성과 그리고 성과에 따른 지표의 예시를 〈표 9-5〉와 같이 나타내 보았다.

(2) 지표의 속성

지표는 세 가지 속성을 갖는다. 첫째, 변화량, 둘째, 빈도 그리고 셋째, 수 또는 퍼센트(%) 등이다. 지역사회복지 성과지표를 위의 세 가지 속성에 따라 〈표 9-5〉에 표시해 보았다.

예 지역사회복지 성과지표의 속성 예시

〈표 9-5〉 성과별 지표 예시

지표의 속성	프로그램	성과	지표
변화량	지역사회 결속력 프로그램	지역사회 결속력 향상	지역사회 결속력 척도 점수의 향상 %
빈도	토착지도자 리더십 훈련 프로그램	토착지도자 리더십 형성	지난 6개월간 교육프로그램 참석 횟수
수 또는 %	지역사회 일자리 창출 프로그램	자활후견기간 프로그램 지속적 참여	지난 10개월간 참여인원 또는 중도탈락률(%)

(3) 하나의 성과에 가능한 복수지표들

지표는 하나의 성과에 복수로 가능하다. 따라서 성과에 따른 지표를 설정할 때는 복수가능한 모든 지표를 설정해 보는 것이 필요하다. 이러한 과정을 앞에서 제시하였던 '사회복지기관 간의 협력

도모를 위한 관계망 형성 프로그램'의 성과와 성과에 가능한 복수 지표들을 〈표 9-6〉과 같이 제시해 보았다.

〈표 9-6〉 성과별 복수지표 예시

성과	지표
사회복지기관 간 월 1회의 정기모임을 형성한다.	• 정기모임 참석기관 및 인원 수 • 정기모임 참석률의 변화량 (%)
형성된 정기모임을 통해 각 기관의 다양한 정보를 공유한다.	• 정기모임에서 공유하는 정보의 종류(질)와 양(수) • 정기모임의 지속가능성(참석률의 안정성, %)
사회복지기관 간 관계망인 협의회를 구성한다.	• 협의회 참여기관의 수와 참여률 정도 • 협의회 기능과 역할에 대한 규약의 내용, 강도(점수)

3) 3단계: 지표들의 자료원 확인하기

3단계는 지표들의 자료원(data sources)을 확인하는 단계다. 자료원의 종류로는 누가 지표의 정보를 갖고 있는가에 따라 기록과 사람으로 나눠 살펴보는 것이 유용하다.

(1) 기록

기록은 문서화된 기록과 시각에 의한 기록으로 구분할 수 있다. 문서화된 기록의 가장 일반적인 형태가 실천의 과정과 결과를 기록하는 일지나 쉬트 그리고 소프트 프로그램화된 양식들이 이에 해당된다. 시각에 의한 기록은 사진이나 동영상 또는 비디오테이프 등을 말한다.

지역사회복지 성과지표의 자료원으로서 기록을 선택할 때는 산출중심의 소프트 프로그램의 활용과 과정을 기록한 과정기록지 그리고 많은 성과가 누수될 수 있는 실천을 비디오 촬영이나 동영상 제작을 통해 보완하는 것이 좋다.

(2) 사람

사람으로부터 자료를 구하고자 할 때는 프로그램 참여자나 주요 정보제공자 또는 이웃 주민들이 주요한 출처일 수 있다. 특히 지역사회복지 분야에서는 토착지도자들이 주요한 자료원이 될 수 있다.

4) 4단계: 자료수집 방법 설계하기

4단계는 자료수집 방법을 설계하는 단계다. 이 단계에서는 자료수집의 다양한 방법을 아는 것이 중요하며, 적절한 방법으로 측정도구를 발견할 수 있어야 한다.

(1) 자료수집 방법

자료수집 방법은 직접조사와 2차 자료를 활용하는 방법으로 나눌 수 있다. 직접조사 방법은 양적 방법론에 입각한 서베이 방법이 있고, 질적 방법론에 입각한 집단을 이용한 포커스그룹 인터뷰나, 관찰(유관관찰 방법과 사진이나 비디오 촬영처럼 매개를 통해 관찰하는 방법) 또는 사례연구 등이 있다.

2차 자료를 활용할 경우 문서나 증명서 또는 일지 또는 유관기관에 비치된 관련 자료 등을 검토하고 분석하는 방법을 사용할 수 있다.

지역사회복지 분야의 경우 위의 자료수집 방법 중에서 포커스그룹 인터뷰 방법이나 관찰방법, 그리고 2차 자료의 활용을 제안한다. 물론 서베이 조사가 유용할 수 있으나, 광범위한 측정대상으로 인한 비용의 문제와 측정도구의 부족함으로 여러 어려움이 발생하는 경우가 많다.

(2) 측정도구의 발견 또는 개발

측정도구는 전문가의 자문이나 논문의 참고문헌 또는 척도집, 대학 도서관, 인터넷 서치, 공동모금회 자료실, 타 기관 등에서 다양하게 구할 수 있다. 하지만 지역사회복지 분야의 경우 측정도구를 발견하기가 쉽지 않다. 따라서 전문가의 자문을 구할 것을 권한다.

5) 5단계: 자료수집에 대한 모의 테스트 실시하기

성과측정의 마지막 단계는 자료수집에 대한 모의 테스트를 실시하는 것이다. 모의 테스트를 실시하는 이유는 전 단계에서 했던 자료수집 방법의 설계가 적절한지 또는 현실가능성은 있는지 등을 사정하기 위해서다. 모의 테스트는 다음의 세 가지 방법을 통상적으로 사용한다.

(1) 기록 검토하기

기록을 검토할 때는 5～10개 정도의 기록을 검토하는 것이 적절하다. 중요한 것은 기록하고자 하는 자료가 성과를 포괄적으로 담고 있어야 한다는 것이다. 성과의 어느 일부분만을 볼 수 있는 기록에 편중하는 것은 삼가야 한다.

(2) 서베이 실시하기

서베이를 사전조사처럼 미리 실시할 수 있다. 통상적으로 지역사회복지 분야의 경우 20～30명, 많게는 50명 정도를 대상으로 실시해 본다. 이때 측정대상이 적절한지, 측정대상의 범위는 포괄성을 만족하는지 또는 측정도구의 타당성은 확보되는지 등에 유념하여 서베이를 실시하여야 한다.

(3) 관찰하기

관찰을 통해 모의 테스트를 실시할 경우 행위나 환경 또는 시설 등을 고려하여 5개 정도의 관찰을 시행하는 것이 적절하다. 관찰을 통해 모의 테스트를 할 경우 관찰자의 주관성이 개입되지는 않는지, 관찰자가 관찰대상에 대한 내부관점(emic perspective)을 갖추고 있는지 등 관찰자에 대한 준비 정도를 점검하는 것 또한 잊지 말아야 할 사항이다.

4. 지역사회복지 성과측정의 예시

이상에서 지역사회복지 성과측정의 내용과 단계를 살펴보았다. 이러한 내용을 〈표 9-7〉의 예를 통해 구체적으로 어떻게 성과측정하는지를 보여 주고자 한다. 예를 든 사례는 임대아파트 지역에서의 안전한 마을 만들기 프로그램 사례다. 이 사례를 통해 프로그램의 성과를 어떻게 표현하는지, 진술한 성과에 따른 지표를 어떻게 설정하는지, 설정된 지표의 자료는 어디로부터 얻는지 그리고 자료수집 방법은 어떻게 되는지와, 마지막으로 성과측정의 스케줄에 관한 내용으로 구성하였다. 이러한 예시가 실천가 스스로 성과측정을 훈련하고 연습할 수 있는 기회로 제공되기를 바란다.

예 프로그램 명: 안전한 마을 만들기(임대아파트) 프로그램

〈표 9-7〉 지역사회복지 성과측정의 예시

성과	지표	자료원	자료수집 방법	스케줄
무엇을 원하는가?	어떻게 알 것인가?	누가 정보를 가지고 있는가?	어떻게 얻을 수 있는가?	정보는 언제 수집하는가?
놀이터를 포함한 공터의 위험성을 점검한다.	위험시간 대 공터수	사회복지사	사진 관찰기록지 검토	프로그램 시작시점
성인을 중심으로 지역방범단을 조직한다.	지역방범단 모임 형성 유무	사회복지사 지역지도자	형성과정 기록지 검토, 형성과정 참여인터뷰	프로그램 시작 후 1개월, 주 1회
지역방범단의 순찰 활동에 대한 계획을 수립한다.	지역방범단의 순찰계획서 유무	사회복지사 지역지도자	순찰계획서 검토	프로그램 시작 1~2개월, 주 1회
놀이터를 포함한 공터에서 안전하게 주민들이 이용한다.	시간대별 공터에 대한 주민이용도 (이용인원 점검)	지역방범단 사회복지사 지역주민	사진 동영상 관찰기록지 검토 주민인터뷰	프로그램 종결 후 2개월, 주 1회
지역주민들이 지역사회를 안전한 마을이라고 느낀다.	지역사회가 안전하다고 느끼는 사람의 수 또는 %	지역주민 지역방범단	서베이 주민 인터뷰	프로그램 종결 6개월 후

참고문헌

강철희, 정무성(2005). 지역사회실천론. 파주: 나남출판사.

Hardcastle, D. A., Wenocur, S., & Powers, P. R. (1997). *Community Practice: Theories and Skills for Social Workers*. New York: Oxford University Press.

Kettner, P. M., Daley, J. M., & Nichols, A. W. (1985). *The Community and Social Worker: Initiating Change in Organizations and Communities*. Wadsworth, Inc.

제10장

사례관리와 성과측정

이 장에서는 지역사회서비스 전달을 위한 효과적인 실천모델로서 강조되는 사례관리의 성과측정의 이슈 및 특성, 성과 영역과 성과측정 방법을 다룬다.

1. 사례관리 성과측정의 이슈와 특성

사례관리는 매우 다양한 영역(노인, 장애인, 정신보건, 아동 및 청소년, 저소득층, 새터민, 노숙인, 자활 등)에서 활동이 이루어진다. 매우 폭넓게 활용되는 사례관리는 지역사회복지서비스 전달을 위한 효과적인 실천모델로서 강조되고 있다.

사례관리는 클라이언트가 필요로 하는 어떠한 서비스라도 효과적이고 효율적인 방법으로 조정하여 제공하는 과정 혹은 방법으로 정의된다(Intagliata, 1982). 이를 위해 클라이언트의 욕구와 서비스 전달을 위한 통합적 관점이 요구된다. 왜냐하면 지역사회에 살아가는 클라이언트에게는 복합적 욕구(예: 의료, 교육, 고용, 주거, 소득 등)가 존재하며, 이러한 욕구는 시시각각으로 다양하게 변화한다. 적절한 시기에 복합적이고 탄력적인 욕구에 반응할 수 있는 포괄적 서비스를 제공하기 위해서는 욕구와 서비스의 범위에 대한 통합적 관점이 필요한 것이다.

이처럼 사례관리란 욕구 충족을 위하여 서비스를 제공하는 과정이면서 동시에 클라이언트의 삶을 변화시키는 결과의 두 가지 특성이 순환적으로 이루어지는 활동이다. 이러한 특성을 기반으로 사례관리의 개념과 기능을 살펴보면 [그림 10-1]과 같다.

사례 (case) + 관리 (management) = 사례관리

사례 (case)	관리 (management)
• 임상적 기능에 초점	• 행정적 기능에 초점
• 클라이언트의 신체적, 정신적, 심리적, 사회적 측면	• 사회적 체계 측면
• 개별화된 상담 및 치료기능	• 공식적/비공식적 원조망 개발 및 유지, 지원연결 기능
• 관계(치료동맹)에 기반하여 클라이언트 개입	• 서비스 연계 및 서비스 조정 통하여 클라이언트 개입
• 직접적 개입 형태	• 간접적 개입 형태

[그림 10-1] 사례관리 개념과 기능

사례관리란 임상적 기능의 직접적 개입 형태와 행정적 기능의 간접적 개입 형태가 총체적으로 이루어지면서 수행된다.

1) 임상적 기능의 직접적 개입

개별 클라이언트의 신체적, 정신적, 심리적, 사회적 측면에 관심을 갖고, 개별화된 상담 및 치료를 통하여 개입한다. 무엇보다도 사례관리자와 클라이언트와의 우호적이고 신뢰관계를 구축하는 것이 중요하다.

2) 행정적 기능의 간접적 개입

개별 클라이언트가 접촉하고 있는 사회적 체계, 예를 들면 가족, 학교, 직장, 지역사회 등의 체계에 관심을 갖는다. 이들의 체계와 클라이언트 사이의 비공식적이고 공식적인 원조망을 개발하고 유지하는 기능을 수행한다. 또한 사회적 체계에 존재하는 다양한 자원과 서비스로의 의뢰나 연계 그리고 조정활동을 펼친다.

종합하면, 사례관리란 개별 클라이언트에 대하여 직접적 개입 및 간접적 연계와 조정 기능을 통하여 클라이언트의 욕구 충족을 강화시킨다. 이때 개별 클라이언트와의 신뢰관계 구축, 지역사회 자원과 서비스와의 네트워크 구축이 전제되어야 한다. 이를 통하여 서비스의 누락 및 중복을 방지하며, 클라이언트의 보호의 지속성(continuity of care)을 실현시킨다. 궁극적으로 클라이언트의 삶의 질 향상과 지역사회 통합을 달성한다. 사례관리 성과는 이러한 사례관리의 전제 조건 및 목적이 함께 고려되어야 한다.

2. 사례관리 성과측정의 영역

사례관리의 성공을 위해 가장 바탕이 되는 것은 클라이언트와 사례관리자와의 관계 형성이다. 사례관리 제공 기관 입장에서는 지역사회 자원 및 서비스의 네트워크 구축, 서비스의 접근성, 포괄성, 책임성, 효율성이 고려되어야 한다. 끝으로 사례관리의 궁극적 목적인 클라이언트의 삶의 질 향상과 관련된 측면이 고려된다.

1) 클라이언트와 사례관리자와의 관계

사례관리자와 클라이언트 사이에 신뢰와 상호동의를 기반으로 하는 관계가 형성된다면 클라이언트로 하여금 지역사회 내에서 보호서비스를 수락하게 하고, 나아가 클라이언트의 삶에 긍정적 결과가 나타날 수 있다(Morse et al., 1996). 클라이언트는 필요하고 접근가능함에도 불구하고 서비스를 저조하게 이용하기도 한다. 적극적으로 개입하는 사례관리를 통하여 클라이언트가 사례관리자와 우호적이고 신뢰할 수 있는 관계를 구축함으로써 지역사회 서비스로의 연계 및 유지를 이룰 수 있다. 구체적인 성과측정 내용은 다음과 같다.

- 사례관리자와 클라이언트 사이의 신뢰감이 증가한다.
- 사례관리자와 클라이언트 사이에 사례관리 목표 및 과정의 동의가 이루어진다.
- 사례관리 과정에 클라이언트가 적극적으로 참여한다.

2) 지역사회 자원 및 서비스 네트워크 구축

복합적 욕구를 갖는 클라이언트에게 한 기관이 모든 서비스를 제공할 수 없다. 이에 사회복지기관들은 서로 협력체계를 가지고 클라이언트에게 서비스를 제공할 수 있는 정보와 자원을 공유해야 한다(정순둘, 1997). 기관 사이의 상호의뢰와 연계를 통하여 서비스를 조정함으로써 서비스의 누락 및 중복을 방지하고 자원의 효율적 활용을 가능케 할 뿐 아니라, 클라이언트에 대한 보호의 연속성을 보장할 수 있게 된다. 다음은 네트워크 구축을 위한 성과측정의 구체적인 예다.

- 서비스 제공기관 간 클라이언트, 정보, 자원, 예산 교환의 빈도 및 협력 강도가 증가한다.

3) 보호의 지속성

사례관리를 통하여 복합적 욕구를 가진 클라이언트가 다양한 서비스 및 보호를 지속적으로 받는 것을 의미한다. 횡단적 지속성과 종단적 지속성으로 구분된다.

(1) 횡단적 지속성

다양한 서비스 영역들 속에서 클라이언트에게 필요한 서비스를 어느 시기라도 제공받을 수 있도록 하는 것을 의미한다. 구체적인 예는 다음과 같다. 제공된 서비스 종류와 클라이언트 욕구 사이의 일치도가 증가한다.

(2) 종단적 지속성

클라이언트의 변화하는 욕구에 끊임없이 부응하면서 서비스가 제공될 수 있도록 하는 것을 의미한다. 구체적인 예는 다음과 같다. 사례관리 체계 속에서 클라이언트가 탈락되지 않고 지속적으로 연계된다. 제공된 서비스들 사이의 시간간격의 괴리가 감소한다.

4) 서비스의 접근성

지역사회 내에 흩어져 있는 다양한 분야의 프로그램들은 저마다 대상기준, 규제범위, 정책 그리고 운영 절차가 다양하므로 서비스로의 접근이 복잡하고 어렵다. 클라이언트는 신체적 · 정신적 장애, 지리적 한계, 서비스 구매력의 제한, 서비스 유무에 대한 무지 및 정보의 한계 등으로 서비스 접근에 장애를 경험하게 된다. 이때 클라이언트가 필요로 하는 서비스로의 접근을 방해하는 장애물을 확인, 제거함으로써 서비스 이용을 도와준다. 다음은 서비스 접근성에 대한 성과측정의 예를 보여 준다.

- 클라이언트의 서비스 욕구와 실제 이용과의 불균형 원인을 제거한다.
- 필요하다고 판단되는 서비스를 실제로 이용한 클라이언트가 증가한다.

5) 서비스의 책임성

복잡한 서비스 체계 내에서 다양한 기관들의 개별적 서비스 제공이 이루어지면 클라이언트에게 서비스가 중복되거나 지연 혹은 누락을 초래할 수 있다. 이때 한 명의 서비스 제공자 혹은 하나의 서비스 기관이 클라이언트에게 필요한 서비스가 전달되도록 책임지는 것이 필요하다. 즉, 단일한 책임주체를 지정(담당 사례관리자의 지정 또는 지역사회 내 서비스들의 체계적 통합을 위해 중심적 역할을 수행할 수 있는 핵심 기관 선정 등)하여 필요한 서비스가 궁극적으로 클라이언트에게 전달되도록 한다. 다음은 서비스 책임성에 대한 성과측정의 구체적인 예다.

- 사례관리 제공기관이 동일하게 지속된다.
- 사례관리 제공기관의 변동 시 클라이언트 의뢰가 공식적 과정을 거쳐 이루어진다.
- 주요 사례관리자가 동일하게 지속된다.
- 사례관리팀의 경우 팀 성원 사이에서 클라이언트에 대한 공유가 정기적으로 이루어진다.

6) 서비스의 효율성

사례관리는 한정된 지역사회 자원 및 비용 내에서 서비스의 효과를 최대화하기 위한 목적이 있다. 사례관리의 서비스 조정 기능을 통하여 서비스의 중복과 남용을 방지함으로써 비용절감의 효과를 기대할 수 있다.

한편, 클라이언트가 서비스에 대한 정보를 습득함으로써 오히려 서비스 이용이 증대되어 비용절감을 기대하기 어려울 수 있다. 부적절하게 이용된다고 판단되는 특정 서비스를 타 서비스로 전환하면서 나타나는 사례관리 전후의 비용을 비교해 보는 유연한 전략이 필요하다. 서비스 효율성 성과를 측정하기 위한 구체적인 예는 다음과 같다.

- 특정 서비스 제공비용이 감소한다.
- 서비스를 과다이용하는 클라이언트 1인당 투여비용이 감소한다.

7) 클라이언트 측면

사례관리의 궁극적 목적은 클라이언트의 삶의 질 향상과 지역사회로의 통합이다. 클라이언트 측면에 대한 사례관리 성과측정의 구체적 영역은 다음과 같다(〈표 10-1〉 참조).

〈표 10-1〉 클라이언트 측면과 사례관리 성과 영역

영역	구체적 내용의 예
건강 및 생활기능	• 신체적 · 정신적 건강 향상 • 심리적 · 인지적 기능 향상 • 일상생활 및 사회생활 기능 향상 • 여가 및 문화생활 기회 향상 • 이동의 자유로움 및 교통수단 이용 조건 향상
경제상황	• 소득 향상 • 고용 및 취업
주거	• 주택 확보 • 주거환경 개선
교육	• 아동 양육 • 진학기회 증가 • 수학능력 향상 • 학교 적응

영역	구체적 내용의 예
비공식적 지지망	다른 사람(가족, 친구, 이웃, 종교집단, 자조모임, 사회복지사, 서비스 제공자, 자원봉사자, 점심배달원 등)과의 • 접촉 규모/도움이나 상호호혜성/긴밀성 증가 • 접촉형태의 다양화 • 관계에 대한 만족감 증가
지역사회 통합	• 물리적 통합 증가 -지역사회 서비스나 자원 또는 시설 이용 증가 -지역사회 모임 참여 증가 • 사회적 통합 증가 -비공식적 지지망 증가 • 심리적 통합 증가 -지역사회 일원으로서 소속감 증가 -지역사회 주민과 심리적 연결감 증가 -지역사회문제 해결에 영향력을 행사할 수 있다는 느낌 증가

3. 사례관리 성과측정의 단계

이 절에서는 사례관리의 성과 영역을 측정하기 위한 실제적 과정은 다음과 같다.

* 준비단계: 성과측정을 위한 실무진 구성하기
* 1단계: 성과 정의하기
* 2단계: 성과별 지표(indicator)와 성과의 영향요인 결정하기
* 3단계: 지표들의 자료원(data sources) 확인하기
* 4단계: 자료수집 방법 설계하기
* 5단계: 자료수집에 대한 모의 테스트 실시하기

1) 1단계: 성과 정의하기

성과측정의 1단계에서는 사례관리 프로그램 구성과 성과에 대한 논리모델을 그려 본다. 성과는 앞에서 밝힌 사례관리 성과의 다양한 영역을 참고한다. 이 중 가장 적합한 성과를 최종적으로 결정한다. 마지막으로 성과에 대한 피드백을 받아 본다.

(1) 프로그램 구성과 성과의 관계

논리모델에 기반을 두며, 투입(inputs)→활동(activities)→산출(outputs)→성과(outcomes) 요소들의 논리적 연결로 이루어진다. 각 단계는 if-then으로 연결된다([그림 10-2] 참조).

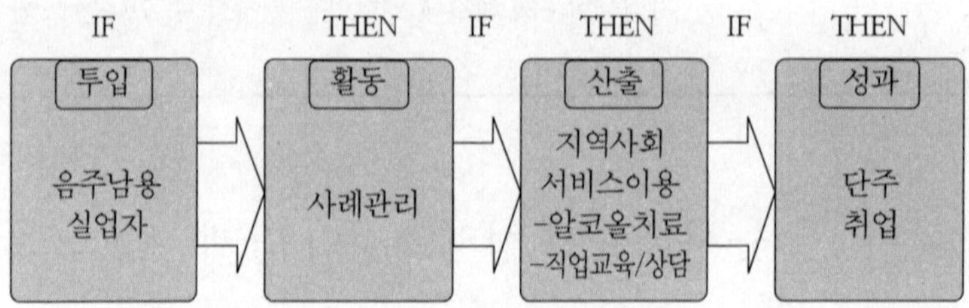

[그림 10-2] 음주남용 실업자를 위한 사례관리 프로그램과 논리모델

(2) 사례관리 프로그램 구성요소에 대한 설명

논리모델에 근거하여 사례관리 프로그램을 구성하는 투입, 활동, 산출, 성과의 의미와 구체적인 예를 제시한다.

① 투입

사례관리 프로그램을 수행하기 위한 투입에는 사례관리대상자인 클라이언트, 사례관리자 그리고 지역사회서비스 및 자원이 포함된다.

• 인력(사례관리 실무 및 행정 직원, 자원봉사자): 사례관리자의 경우 클라이언트의 다양하고 복잡한 욕구를 충족시키기 위해 직접적으로 서비스를 제공하거나, 간접적으로 지역사회 자원으로 의뢰 또는 연계하는 역할을 수행한다. 지역사회서비스의 조정 역할도 수행한다.
• 참여자(사례관리 대상자): 만성적이고 장기적인 보호를 필요로 하며, 복합적이고 다양한 서비스 욕구를 가진 사람이어야 사례관리 대상자로 바람직하다.
• 지역사회서비스 및 자원(지역사회의 접근가능하거나 이용가능한 서비스와 자원): 지역사회 서비스나 자원은 지역사회에 파편적으로 분포되어 신체나 인지기능이 약하거나 정보력이 부족한 클라이언트의 경우 사례관리를 통한 접근이 요구된다.
• 예산, 시간(근무시간, 자원봉사시간 등 포함), 물자/장비/시설, 기술/계획(예: 강점관점 사례관리기술, 재활중심 사례관리기술 등)

② 활동

사례관리 프로그램의 구체적인 활동을 의미한다. [그림 10-1]에서 제시하였던 직접적인 임상적 개입과 간접적인 행정적 개입이 모두 포함된다.

③ 산출: 사례관리 활동의 산물

Who, Whom, What, When, Where, How를 기본적으로 고려한다.

• Who: 사례관리 혹은 의뢰서비스 제공기관 및 제공자의 수나 종류
• Whom: 사례관리 접촉단위(클라이언트 개인/가족/그 외 지지집

단/서비스 의뢰기관) 및 접촉대상수
- What: 의뢰된 혹은 제공된 서비스 종류(의료/재활/소득보장/고용/주거/교육 등) 및 빈도
- When: 사례관리자와의 접촉빈도, 기간
- Where: 사례관리자와의 접촉장소(지역사회/오피스/병원 등)
- How: 사례관리자와의 접촉형태(대면/전화 혹은 직접적/간접적 접촉)

또한 6개 요소의 조합이 가능하다. 예를 들어, 사례관리의 접촉장소별(where) 빈도수(when)를 측정하여, 사례관리활동이 지역사회 또는 오피스 내 등 어느 곳에서 더 빈번하게 수행되고 있는지를 알 수 있다.

④ 성과

사례관리 활동에 참여하는 동안 혹은 참여한 이후에 표적집단(개인, 집단, 조직, 지역사회)에 나타나는 효과 또는 변화를 의미한다. 단기성과/중기성과/장기성과(또는 즉시성과/중간성과/최종성과)로 구분이 가능하다.

〈표 10-2〉는 사례관리 프로그램의 논리모델을 쉽게 기록할 수 있는 양식이다.

〈표 10-2〉 사례관리와 논리모델의 양식

투입	활동	산출	성과		
			단기	중기	장기

(3) 성과의 내용

사례관리의 단기, 중기, 장기성과의 내용을 살펴본다.

① 단기성과

사례관리 활동의 산출에 의해 가장 밀접하게 영향을 받는 성과를 의미한다. 주로 사례관리 대상자의 참여를 통한 지식, 태도, 기술의 변화에 해당한다.

② 중기성과

사례관리 개입대상의 행동 변화를 의미한다. 사례관리 활동을 통하여 나타난 지식, 태도, 기술의 변화에 의해서 영향을 받는다.

③ 장기성과

궁극적인 성과로서 사례관리 대상자의 조건이나 상황에 대한 의미 있는 영향을 의미한다.

단기, 중기, 장기성과를 다음의 2개의 사례를 통해 살펴보자.

〈사례 1〉

○씨는 오랫동안 치매를 앓아 온 독거노인이다. 요양시설에 입소해야 할 형편이나, 시설 입소를 완강히 거부한다. 사회복지사가 쓸데없이 자꾸만 시설 입소를 권한다고 생각하여 사회복지사를 만나는 것을 꺼려한다.

단기성과	중기성과	장기성과
사회복지사와의 신뢰관계를 구축한다.	사회복지사와 정기적으로 시설에 견학한다.	시설에 입소한다.

→ 시설 입소로 사례관리가 종결된다.

〈사례 2〉

○씨는 여성가구주이며, 병든 자녀(만 5세)가 있다. 의료비 마련이 어려워 집에서 간호를 하고 있다. 이 때문에 직장생활을 유지할 수 없어 빈곤한 삶을 이어 가고 있다.

–아이의 상황

단기성과	중기성과	장기성과
의료비를 얻는다.	건강이 향상된다.	보육시설에 다닌다.

–어머니의 상황

단기성과	중기성과	장기성과
적절한 직업 분야를 찾는다.	정규직 직업을 구한다.	경제적으로 자립한다.

사례관리란 다양하고 복합적 욕구를 가진 사람을 대상으로 하기 때문에 개별 대상별로 다양한 성과가 나타날 수 있다. 두 번째 사례처럼 의료, 교육, 경제적 위험에 복합적으로 노출되어 있는 경우 자녀와 어머니의 각각의 성과가 나타나게 된다.

(4) 최종성과 결정하기

사례관리 프로그램 성과에 대한 다양한 아이디어가 모아지면 최종성과를 결정한다. 최종성과를 결정하기 위하여 다음과 같은 질문을 고려해 본다.

* 사례관리의 여러 가능한 성과를 모두 고려하였는가?
* 성과는 사례관리 목적과 직접적으로 관련이 있는가?

* 성과는 실제적이고 성취가능한가?
* 성과는 '변화'를 반영하고 있는가?
* 단기, 중기, 장기성과는 논리적으로 서로 연결되는가?
* 사례관리를 통해 얻을 수 있는 성과를 가장 장기적인 것까지 정의하였는가?
* 사례관리의 산출을 통해 얻어진 성과의 그 이상을 넘어갔는가?
* 사례관리의 표적집단 범위를 넘어선 것인가?
* 여러 주체들—사례관리자, 자원봉사자, 사례관리 대상자, 협력기관, 투자자들, 지역사회 등—이 성과를 사례관리 성과로서 타당하다고 생각하겠는가?

(5) 바람직하지 않은 성과

사례관리 프로그램의 성과를 정의할 때 주의할 점은 산출중심이 아닌 성과중심의 성과를 제시해야 한다는 것이다. 기술된 성과의 주체에 서비스 제공자인지 클라이언트인지를 대입해 본다. 이때 사례관리 대상자를 주체로 설정하여, 이들의 삶의 변화를 보여 주는 것이 적절하다. 다음 〈표 10-3〉은 산출중심과 성과중심의 사례관리 성과를 비교하여 보여 준다.

〈표 10-3〉 산출중심과 성과중심의 사례관리 성과 비교

산출중심의 성과	성과중심의 성과
보육비 지원서비스를 연계한다.	보육시설에 다닌다.
직업상담서비스로 의뢰한다.	적절한 직업 분야를 찾는다.
가사 · 간병도우미를 파견한다.	노인부양부담이 감소된다.

2) 2단계: 성과별 지표와 성과의 영향요인 결정하기

이 단계에서는 최종성과를 측정할 수 있는 지표를 개발한다. 또한 사례관리 외에 성과에 영향을 미칠 수 있는 외부적 요인을 확인한다.

(1) 사례관리 성과지표

성과지표란 성과수준을 요약할 수 있는 특정 수치다. 일반적으로 빈도나 비율, 점수로 수량화시킨다. 즉, 몇 % 혹은 몇 점 증가 혹은 감소했는지의 변화를 보여 줄 수 있어야 한다. 성과지표를 구체적으로 수치화시키기 어려운 경우 단순히 변화의 유무 혹은 빈도로 측정이 가능하다.

또한 하나의 성과에 대해서 1개 이상의 복수지표가 사용될 수 있다. 복수지표를 사용할 경우 상호배타성이 고려되어야 한다. 다음은 사례관리 성과와 성과지표 사이의 관계를 보여 준다.

〈표 10-4〉 사례관리 성과와 성과지표의 예

성과	성과지표
사회복지사와 신뢰관계를 구축한다.	• 사례관리 동안 클라이언트가 사회복지사에게 먼저 전화하는 빈도 증가 수나 % • 사례관리 실시 이후에 사회복지사가 중요한 지지원이라고 응답한 사람의 증가 수나 %
비공식적 지지망이 형성된다.	• 표준화된 척도 점수의 변화량 • 사례관리 실시 전후 기간 동안, 떨어져 사는 가족들과 직접 만나는 빈도 증가 수나 % • 사례관리 실시 3개월 후 지역사회 모임에 나가는 횟수 • 사례관리 실시 이후에 가족/친지/친구 등의 도움을 주고받는 횟수의 증가 수나 %

성과지표 중 어떤 것을 결정할 것인가를 위해 다음 사항을 체크해 본다.

* 측정하고자 하는 성과를 정의하고 있는가?
* 각각의 성과를 위해 적어도 한 개 이상의 지표가 있는가?
* 복수의 지표들일 때 각 지표는 성과의 가장 중요한 측면을 중복하지 않으면서도 포괄적으로 측정해 주는가?
* 각 지표들이 구체적으로 기술되었는가?
* 측정가능한가?
* 관찰가능한가?
* 자료수집이 가능한가?

(2) 사례관리 성과의 영향요인 발견하기

사례관리 성과는 통제할 수 없는 다양한 요인으로 성공 혹은 실패하게 된다. 사례관리 개입 외에 이렇듯 사례관리 성과에 영향을 미치는 외부적 요인을 영향요인이라 한다. 영향요인은 어떤 특성을 가진 사람들이 어떤 특정한 상황 속에서 성과의 차이가 나타날 수 있는지를 밝혀준다. 영향요인은 이후 사례관리를 어떻게 수행하는 것이 적절한 것인지 등 사례관리 프로그램 개발에 중요한 정보를 제공해 준다. 사례관리 성과의 영향요인은 다음과 같다.

① 사례관리 대상자의 특성

성별, 연령, 학력, 직업, 경제적 상황, 인구집단특성(노인/아동/여성/장애 등), 임상 및 진단정보(약물중독자, 이중진단 여부, 만성질환, 질환 또는 질병의 심각성), 일상생활 및 사회생활 기능 수준, 가족관계를 비롯한 비공식적 · 공식적 지원망, 거주지역사회 등

② 사례관리자의 특성

성별, 연령, 학력, 직업 경력 및 전문성, 전공 분야 등

③ 사례관리환경 및 구조의 특성

사례관리활동의 자율성 정도, 슈퍼비전의 질 및 형태, 개별/팀 사례관리 형태, 사례관리팀원 간의 협력 정도, 담당 케이스 수 등

④ 지역사회서비스 및 자원

서비스 영역별 공공 및 민간기관 분포, 기관의 유형, 제공되는 서비스의 종류, 제공되는 서비스의 양(제공 시간 또는 빈도 등), 의뢰 형태 등

3) 3단계: 지표들의 자료원 확인하기

사례관리 성과의 지표가 결정되면 지표의 정보를 누가 가지고 있는지를 확인하는 과정을 거친다. 지표의 자료원(data sources)은 크게 기록과 사람으로 나뉜다.

(1) 기록

사례관리 제공기관 및 타 기관의 기록과 시청각 자료가 포함된다.

① 사례관리 수행 일지와 클라이언트 로그

사례관리의 성공은 정기적 점검과 기록 관리가 기본이다. 매일 적는 사례관리 수행 일지와 클라이언트 로그의 기록은 가장 기본적이면서도 가장 중요한 자료원이다. 기록은 서비스 과정과 클라이언트 상황에 대하여 모두 이루어져야 한다.

서비스 과정에 대한 점검은 서비스 계획이 어느 정도 적절하게 실행되고 있는가를 모니터링한다. 기록은

- 서비스 제공기관 혹은 제공자

- 접촉대상
- 서비스 내용 및 비용
- 서비스 제공의 시기와 장소
- 접촉형태

등이 포함되는 것이 바람직하다. 이것을 통해 성과 영역 중 지역사회 자원 및 서비스 네트워크 구축, 보호의 지속성, 접근성, 책임성, 효율성에 관한 정보를 얻을 수 있다.

클라이언트 상황에 대한 점검은

- 사례관리 대상자의 변화 징조(예: 욕구충족 능력 강화, 독립심 강화, 원조망 활용 등)
- 만족도

를 파악할 수 있도록 기록이 구성되는 것이 좋다. 이는 클라이언트와 사례관리자와의 관계, 클라이언트 측면의 삶의 질과 지역사회 통합에 관한 정보를 제공해 준다.

② 타 기관의 기록

사례관리 대상자를 지역사회 자원 및 서비스 기관에 의뢰한 경우 이 기관들로부터 클라이언트에 대한 정보를 얻는다.

③ 시각적 기록

사진, 차트, 비디오테이프 등을 이용하여 다양한 정보를 얻는다.

(2) 사람

사례관리에 참여하는 대상자와 사례관리자 그리고 주요 정보제공자가 포함된다. 주요 정보제공자는 부모 혹은 가족, 이웃, 의뢰된 서비스 제공기관의 직원, 자원봉사자, 외부 전문가 등이 포함된다.

4) 4단계: 자료수집 방법 설계하기

이 단계에서는 파악된 자료원들로부터 성과지표에 대한 필요한 정보를 얻기 위하여 수집방법을 설계한다. 자료수집의 방법과 측정도구, 자료수집 시기와 대상을 고려한다.

(1) 자료수집 방법

자료수집 방법은 다음 보기처럼 매우 다양하다.

서베이	사례연구	증명서
면접	시험	전문가 혹은 동료 검토
관찰	사진, 비디오, 슬라이드	일기, 잡지, 기사
집단 이용	문서 검토	일지
시뮬레이션		

위의 자료수집 방법을 선택할 때는 다음과 같은 질문을 고려한다.

* 비용이나 시간을 고려할 때 수집방법이 실행가능한가?
* 신뢰할 수 있는 정보를 얻을 수 있는가?
* 유용한 정보를 얻을 수 있는가?
* 2개 이상의 자료수집 방법이 가능한가?
* 자료수집 방법을 선택할 때 충분히 창의적이었는가?
* 선택한 자료수집 방법이 어렵다고 빨리 포기하지는 않았는가?

(2) 표준화된 측정도구

표준화된 측정도구란 사례관리 대상자의 변화를 측정하기 위해 개발된 정형화된 도구다. 일반적으로 사례관리 대상자의 인지, 감정, 태도 등을 측정하는 데 사용된다. 사례관리 성과측정을 위해 사용할 수 있는 기존의 표준화된 측정도구의 종류 찾는 방법 그리고 유용한 척도집을 소개한다.

① 표준화된 측정도구

- 인구대상별로 정신적, 심리적 혹은 신체적 기능 척도, 일상생활기능 척도
- 비공식적 지지망 척도
- 만족도
- 지역사회통합 척도

② 표준화된 측정도구를 찾는 방법

- 논문의 참고문헌
- 척도집
- 대학 도서관
- 인터넷
- 공동모금회 자료실
- 타 기관 등의 자료

③ 유용한 척도집

- 고려대학교 부설 행동과학연구소 편(2001). 심리척도 핸드북 I. II. 학지사.
- 서울구립 반포종합사회복지관 편(2007). 사회복지척도집(2판). 나눔의 집.
- Corcoran, K., & Fischer, J. (2006). *Measures for Clinical Practice: A source book, Volume 1. Couples, Families, and Children*. New York: Free Press.

- Hersen, M. (2005). *Clinician's Handbook of Child Behavioral Assessment*. Oregon: Academic Press.

(3) 자료수집 시기 결정

사례관리를 통하여 상황이나 조건이 얼마만큼 변화하였는지를 가장 적절하게 파악할 수 있는 시기를 결정한다.

① 사례관리 실시 기간 동안의 상황 비교

사례관리 실시 전후에 상황의 차이를 비교하거나, 사례관리 실시 동안 일정한 시간 간격으로 변화상황을 검토하고자 하는 경우다(〈표 10-5〉 참조).

〈표 10-5〉 **사례관리 성과측정의 자료수집 시기**

성과	지표	스케줄
사회복지사와 신뢰관계를 구축한다.	사례관리 동안 클라이언트가 사회복지사에게 먼저 전화하는 빈도 증가 수나 %	매주
	사례관리 실시 이후에 사회복지사가 중요한 지지원이라고 응답한 사람의 증가 수나 %	사례관리 시작과 종결 시점(각 시점에서 중요한 지지원에 대한 측정)
의뢰기관의 프로그램에 정기적으로 참석한다.	사례관리 기간 동안 의뢰된 기관에 무단참석하지 않은 클라이언트 수 혹은 %	한 달에 1번(의뢰기관 점검)

② 사례관리 종결 이후의 상황 추적

사례관리의 장기적 성과는 성과내용에 따라 한 번 이상의 추적조사를 하는 것이 바람직하다. 일반적으로 사례관리 종결 이후 6~12개월 사이에 추적 조사를 해 보는 것이 좋다. 보다 장기적 성과는 2년 이후가 적당하다.

(4) 자료수집 대상자

사례관리 참여 대상자, 사례관리자 그리고 의뢰된 서비스 제공기관이 자료수집 대상이 된다. 서비스 제공기관으로부터는 연계의 적절성, 사례관리 대상자 본인으로부터 얻지 못하는 변화상황 등의 자료를 수집할 수 있다.

5) 5단계: 자료수집에 대한 모의 테스트 실시하기

사례관리 성과측정의 4단계까지 모두 결정되었다면 본격적으로 성과측정을 위한 자료수집에 들어가기 전에 모의 테스트를 실시한다. 기록 검토는 5~10개의 사례관리 수행 관련 기록을 검토한다. 서베이를 실시할 경우 6~10명의 대상에게 미리 실시한다. 마지막으로 관찰방법을 취한다면 5개의 행위, 환경, 시설 등을 미리 관찰해 본다.

4. 사례관리 성과측정의 예시

다음은 사례에 대한 사례관리 성과측정의 예를 제시하였다(〈표 10-6〉 참조).

〈사례〉

김씨는 40세 가장이다. 실직된 지 1년이 넘었다. 실직되기 전에는 포장마차를 열심히 꾸려 나갔으나, 실패하였다. 집에서 하는 일 없이 술로 보낸다. 아내가 노점상을 하여 생계를 꾸려 나가나, 생활이 어렵다. 아내는 이런 생활에 매우 지쳐 있고 심리적으로 우울해한다. 초등학교 다니는 딸(김 양)이 있다. 아버지가 일에 실패한 이후 술과 주정 때문에 매사에 의기소침해한다. 학교에서 또래집단으로부터 왕따를 당하고 있어 학교에 가기를 꺼려한다.

A 기관에서는 김 씨 가구에 1년 동안 사례관리를 실시하도록 결정하였다.

〈표 10-6〉 사례관리 성과측정의 예시

성과	지표	자료원	자료수집 방법	자료수집 시기
무엇을 원하는가?	어떻게 알 것인가?	누가 정보를 가지고 있는가?	어떻게 얻을 수있는가?	정보는 언제 수집하는가?
아버지가 단주한다.	술을 끊은 기간	사례관리 수행일지	기록 검토	매주
아버지가 재취업한다.	생계유지가 가능한 직장에 고용된 유무	아버지	면접	사례관리 종결 시점
	직장을 갖게 된 경우 직장 보유 기간			
아이의 자신감이 향상된다.	자신감 향상 척도점수의 증가%	아이	면접	사례관리 실시 전과 후 조사
	수업시간에 발표력 증가 수	선생님	면접	매달
아이의 교우관계가 향상된다.	친구들과 어울리는 빈도수	아이	면접	매달
	반 아이들이 김 양에 대해 갖는 친근감 증가 %	반 친구들	면접	실시 전과 후 조사
어머니의 심리적 지지망이 형성된다.	어머니가 느끼는 심리적 지지망 척도점수의 증가 %	어머니	면접	사례관리 실시 전과 후 조사
	지역주민과의 접촉빈도 증가 %			매달

영향 요인	자료원	자료수집 방법	자료수집 시기
무엇이 성과에 영향을 미치는가?	누가 정보를 가지고 있는가?	어떻게 얻을 수 있는가?	정보는 언제 수집하는가?
아버지의 과거 직업	아버지	면접	사례관리 시작
아이의 성적	담임 선생님	면접	사례관리 시작
어머니의 기존 비공식적 지지망 형태	어머니	면접	사례관리 시작

참고문헌

민소영(2006). 만성 정신장애인을 위한 사례관리 모형과 수행 구조에 대한 탐색적 연구. 사회복지연구, 30, 215-242.

정순둘(1997). 오스틴 노인그룹 서비스 기관들의 관계에 관한 연구. 한국사회복지학, 31, 441-458.

정순둘(2005). 사례관리실천의 이해: 한국적 경험. 서울: 학지사.

Intgaliata, J. (1982). Improving the quality of community care for the chronically mentally disabled: The role of case management. *Schizophrenia Bulletin, 8* (4), 655-674.

Morse, G. A., Calsyn, R. J., Rosenberg, P., West, L., & Filliland, J. (1996). Outreach to homeless mentally ill people: Conceptual and clinical considerations. *Community Mental Health Journal, 32* (3), 261-274.

Powell, S. K. (1999). *Advanced Case Management: Outcomes and beyond*. Philadelphia, New York, Baltimore: Lippincott.

부록

1. 양식

(1) 논리모델 양식

프로그램명:

투입	활동	산출	성과		
			단기	중기	장기

(2) 성과측정 양식

프로그램명:

성과	지표	자료원	자료수집 방법	자료수집 시기
무엇을 원하는가?	어떻게 알 것인가?	누가 정보를 가지고 있는가?	어떻게 얻을 수 있는가?	정보는 언제 수집하는가?

영향요인	자료원	자료수집 방법	자료수집 시기
무엇이 성과에 영향을 미치는가?	누가 정보를 가지고 있는가?	어떻게 얻을 수 있는가?	정보는 언제 수집하는가?

2. 측정도구 출처 소개

- 고려대학교 부설 행동과학연구소 편(2001). 심리척도 핸드북 I. II. 학지사.
- 서울구립 반포종합사회복지관 편(2007). 사회복지척도집(2판). 나눔의 집.
- 이소희 외(2005). 아동발달척도 핸드북. 대왕사.

- Corcoran, K., & Fischer, J. (2000). *Measures for Clinical Practice: A source book, Volume 1. Couples, Families, and Children*. New York: Free Press.
- Hersen, M. (2005). *Clinician's Handbook of Child Behavioral Assessment*. Oregon: Academic Press.

찾아보기

저•자•소•개

김영종 미국 텍사스-오스틴 대학교 사회복지학 박사
현 경성대학교 사회복지학과 교수

〈대표 저서〉

사회복지 조사방법론(2판, 학지사, 2007)
사회복지조사론: 이해와 활용(학지사, 2007)
사회복지행정(3판, 학지사, 2010)

민소영 미국 펜실베이니아 대학교 사회복지학 박사
현 경기대학교 사회복지학과 교수

〈대표 논문〉

만성정신장애인을 위한 사례관리의 모형과 수행구조에 대한 탐색적 연구(사회복지연구, 2006)
사례관리자와의 치료적 관계가 정신장애 노숙인의 정신건강 외래 서비스 이용에 미치는 영향에 관한 연구(정신보건과 사회사업, 2005)
Outcomes of shelter use among homeless persons with serious mental illness(Psychiatric Services, 2004)

김영미 미국 텍사스-오스틴 대학교 사회복지학 박사
현 동의대학교 사회복지학과 교수

〈대표 논문〉

청소년의 음주와 흡연에 대한 가족구조와 사회통제적 요인의 관계(청소년학연구, 2006)
음주 흡연 동시행위 청소년의 특성에 관한 연구(정신보건과 사회사업, 2005)
미국 청소년의 문제성 음주에 대한 심리사회적 보호요인과 위험요인의 역할(한국사회복지학, 2004)

김찬우 미국 워싱턴 주립대학교 사회복지학 박사
현 가톨릭대학교 사회복지학과 교수

〈대표 논문〉

노인수발보험제도 평가판정도구 고찰: 1차 시범사업을 중심으로(사회복지연구, 2007)
미국 장기요양 제도의 변천과 케어 매니지먼트의 등장에 관한 연구(사회복지연구, 2005)
지역거주 만성질환 노인들의 장기요양위험수준에 따른 케어 매니지먼트 효과 연구(사회복지연구, 2004)

임정기 이화여자대학교 사회복지학 박사
현 백석대학교 사회복지학부 교수

〈대표 논문〉

장애인직업재활 서비스 이용장애인의 직업재활효과에 관한 연구(사회복지행정학, 2006)
정신장애인의 경제활동유형에 영향을 미치는 연구(보건사회연구원 연구보고서, 2001)
사회적 지지가 정신장애인의 임파워먼트에 영향을 미치는 연구(이화여자대학교 석사학위논문, 1999)

홍현미라 이화여자대학교 사회복지학 박사
현 전주대학교 사회복지전공 교수

〈대표 논문〉

미국의 지역사회자본(community social capital) 구축정책 사례와 한국에 주는 시사점(사회복지정책, 2006)
지역사회관계망을 활용한 자원개발경험의 유형에 관한 근거이론 연구: 사회자본(social capital) 관점 적용(한국사회복지학, 2006)
실직여성 고용정책 개발에 관한 연구: 인적자본관점과 인간능력관점에 대한 비교(사회복지정책, 2005)

사회복지행정 실천기법 시리즈 1
사회복지 성과측정 기법

2007년 11월 20일 1판 1쇄 발행
2012년 4월 30일 1판 3쇄 발행

지은이 • 김영종 · 민소영 · 김영미 · 김찬우 · 임정기 · 홍현미라
펴낸이 • 김진환
펴낸곳 • (주) 학지사
121-837 서울특별시 마포구 서교동 352-29 마인드월드빌딩 5층
대표전화 • 02)330-5114 팩스 • 02)324-2345
등록번호 • 제313-2006-000265호

홈페이지 • http://www.hakjisa.co.kr
커뮤니티 • http://cafe.naver.com/hakjisa

ISBN 978-89-5891-591-1 94330
978-89-5891-590-4 (set)

정가 14,000원

저자와의 협약으로 인지는 생략합니다.
파본은 구입처에서 교환해 드립니다.